RECLAM-BIBLIOTHEK

Lange Texte? Wer will das lesen in unserer schnellebigen Zeit? Wer noch hat Muße, sich ausschweifende, nicht an ihr Ende kommende Prosa zu Gemüte zu führen? Niemand – und deshalb schreibt Eugen Egner kurze Texte, kleine, dankenswert überschaubare Stückchen feinziselierter Beschreibungskunst.

Wir hören von Großvätern in knallroten Schuhen, vom interessanten Pädagogen-Ball, von mißratenen Bohnensuppen, kosmischen Käsebroten, vom selten bedichteten Gesang der Dobermänner und nicht zuletzt von der vergessenen Komponistin Müller-Reißwolf, die im Rufe stand, »Mozart vergiftet zu haben«. Ach ja – und natürlich von Hausschuhen, Katzen undsofort.

Achtundsiebzig recht groteske Texte – »beeinflußt von E. T. A. Hoffmann, Jimi Hendrix und Donald Duck« *(Tempo)*.

Eugen Egner, geboren 1951 in Ingelfingen. 1971 erste Comic-Veröffentlichung in HÖR ZU. In den späten Siebzigern als Rockgitarrist tätig. Lebt als freier Schriftsteller und Zeichner in Wuppertal. Diverse Ausstellungen und Buchpublikationen.

Eugen Egner

Getaufte Hausschuhe und Katzen mit Blumenmuster

Kurze Texte

RECLAM VERLAG LEIPZIG

Mit 7 Vignetten von Eugen Egner

ISBN 3-379-01567-9

© Reclam Verlag Leipzig 1996

Reclam-Bibliothek Band 1567
1. Auflage, 1996
Reihengestaltung: Hans Peter Willberg
Umschlaggestaltung: Oberberg + Puder, Leipzig, unter
Verwendung einer Zeichnung von Eugen Egner
Gesetzt aus Meridien
Satz: Satz Repro Grafik, Leipzig
Druck und Bindung: Ebner Ulm
Printed in Germany

Inhalt

Familie und Erziehung

Vom Kinderkriegen (1) 13
Die Werke der Ahnen 14
Der drahtlose, sprechende Tortenboden 16
Mutter weiß Rat 17
Vom Kinderkriegen (2) 18
Großvater und ich 19
Vom Streben nach geistigem Austausch 20
Das Kind und die Knallerbsen 23
Mehr über Großvater und mich 24
Neujahrspost 25

Geschlechtlichkeit und Freundschaft

Liebe Ex-Geliebte 29
Seid fröhlich in eurer Angst 31
Der geprellte Liebhaber 36
Die Krise 39
Romanze 44
Die beiden Glorias 45
Leidenschaft im Strudel der Zeit 49
Abendliche Zerstreuung 51
Auf dem Pädagogenball 52
Siegmund 53
Diskreter Zustand 54

Essen und Trinken

Tagesbeginn (1) 57
Beim Masoch 58
Wissenswertes vom Spinat 61
Der Hund des Wirts 62
Die mißratene Bohnensuppe 63
Eine scheußliche Geschichte 64
Das kosmische Käsebrot 65

Beruf und Karriere

Aus Dr. Drahtvaters Kindheit 71
Von der Bestimmung des Menschen 72
In der Schmarotzerlehre 73
In der Telephonzentrale 74
Meine zirzensische Phase 75
Der Handwerker 81
Bringt uns zur Oma 82
Glanz und Elend des Berühmtseins 83
Die schreckliche Veränderung 84
Der Förderpreis 85
Ladenschluß 87

Kunst und Kultur

Kurze Würdigung 91
Das Theaterwunder von Weimar oder Stralsund 92
Ein interessanter Konzertabend 94
Das Experimentaltrio 95
Das Ende eines Streichquartetts 96
Das Städtische Orchester probt 97
Aus der Frühzeit des Komponistenstandes 98
Müller-Reißwolf-Retrospektive 100
Wer war Fraunstätter? 102
Vom Schreiben im Verband 104
Die Galoschen des Yeti 110
Das Vernichten der Dokumente 111

Reisen und Daheimbleiben

Wie ich einmal per Express reiste 117
Der pneumatische Tippfehler 118
Überfahrt 120
Wie ich einmal mit dem Taxi fuhr 121
Reise in die Kolonie 122
Der Urlaub 123
Reise auf die Anhöhe 125
Vom Kraftfahrzeugführen 126
Wie ich noch einmal mit dem Taxi fuhr 127
Auf der Dampflok 128

Ein Abendspaziergang 129
Dienstagmorgen 133

Wunder und Wissenschaft

Tagesbeginn (2) 137
Wie wir wider den ungeläuterten Heinz zogen 138
Abend mit Phänomen 139
Der fatale Himmelskörper 140
Beim Weltuntergang 148
Winter 149
Wie wir eines Tages die Seefahrt erfanden 150
Tausend Meilen vor Gertrud 151
Erinnerung 152
Die verschwundene Katze 153
Der Gesang der Dobermänner 157
Die Besessenen 158
Ein Ding im Zustand A 159
Die Nachricht 162
Denksport 163

Nachbemerkung 164

Familie und Erziehung

Vom Kinderkriegen   (1)

Frau Füf kehrte von einer einwöchigen Reise heim. Ihr Mann empfing sie mit einer Überraschung: »Ich habe inzwischen ein Kind gekriegt.« Zum Beweis hielt er ihr einen kleinen Stoffhund hin.

»Es liegt im Wagen und schläft«, behauptete Herr Füf, obwohl er es in Händen hatte.

»Es soll im Steinkohle-Bergbau eingesetzt werden«, sagte Frau Füf. Dann schickte sie die Würmer fort, von denen sie nach Hause getragen worden war, und taufte das Kind.

Die Werke der Ahnen

Die Einwohner des Landes meiner Vorfahren waren pausenlos so betrunken, daß ihnen nicht klar war, ob sie sich in Ostpreußen oder an der Elfenbeinküste befanden. Irgendwie praktizierten sie eine Mischung aus beidem. Die Unterschiede in den Details verschwammen ihnen dabei. Mit ihren großen Flaschen saßen die Alten nachts unter dem Mond, die Jungen rumorten in Stauden und Straßen. Seit ihnen die Kehlköpfe im Halse so weit heruntergewandert waren, daß sie sogar sprechen konnten, verschluckten sie sich häufig an selbstgebrannten Getränken: hustend, blökend und speiend zu jeglicher Stund. Führten sie einmal Krieg gegeneinander, tranken sie gar den Treibstoff ihrer Kettenfahrzeuge. Mancher fiel davon blind, tot oder sowohl als auch hin. Aufgrund körperlicher Überlegenheit und ihrer auf das Allernötigste beschränkten Rolle in Fortpflanzungsangelegenheiten konnten sich die Männer den Alkoholismus als ihre Domäne sichern. Im Falle der weiblichen Gleichberechtigung auf diesem Gebiet wäre kein lebensfähiger Nachwuchs mehr zur Welt gebracht worden (Folgen des Alkoholkonsums werdender Mütter!).

Wie im Lipper Land war es auch in gedachter Gegend der Brauch, Kleinkinder mittels schnapsgetränkter Knebel ruhigzustellen. Was dort das Erwachsenenalter erreichte, war robust, verschlagen und unmusikalisch. Es wurden lediglich Schweinereien ad libitum zu einfachsten Tonfolgen gegrölt. Als Instrumente dienten der Bevölkerung getrocknete Seeigel, in die zwecks Geräuscherzeugung hineinzublasen seit Generationen erfolglos versucht wurde. Außerdem waren einige mit Kronkorken gefüllte und mit Einmachgummis bespannte Hirnschalen in Gebrauch. Der Dorfschulze besaß in der Regel eine verbogene Trompete oder eine Mundharmonika. Mein Großvater war der bedeutendste Musiker des Landes gewesen. Ihm verdankte das Volk den Gassenhauer »Wenn du meine großen Füße am Fenster siehst«, die einzige schriftlich fixierte Komposition jener Nation. Im Delirium war, so wird berichtet, Großvater unvermittelt von der Wucht der Inspiration zu Boden geschleudert worden. Gespannt hatten alle abgewartet, worauf es hinaus wollte, ob der Erleuchtete vielleicht einen epileptischen Anfall erlitt, in dessen Folge er etwa eine Weltreligion begründen würde, oder ob er schlicht irgendwelchen Unsinn wie etwa »Mir den Stromschlauch – stoppt das Postgiroamt Köln!« brüllte und dann krepierte. Nichts davon. Mein Großvater zog sich Schreibzeug aus der Nase (manche behaupten: aus dem Hintern) und schrieb drei Tage und drei Nächte lang »Wenn du meine großen Füße am Fenster siehst«.

Woher er schreiben und lesen konnte, war allen ein Rätsel. In seiner Jugend hatte er den Lehrer der Dorfschule nur mit Steinen beworfen und sich nie zum Unterricht eingefunden. Wie Glasunow war der Lehrer mittels eines durch die Schreibplatte führenden Schlauches mit einem Schnapstank im Innern seines Pultes verbunden. In raren Trinkpausen stand er auf und kündigte eine »Geisterstunde« an. Dann wankte er durch die Reihen und hieb blindlings mit seinem Stock auf Schülerinnen und Schüler ein. Er konnte selbst weder schreiben noch lesen.

Also bedeutete meines Großvaters Komposition ein Wunder pfingstartigen Ausmaßes. Von weit her pilgerten die Menschen zu ihm, um sich von seinen großen Füßen am Fenster segnen zu lassen. Und siehe: durch bloßes Fußauflegen konnte er solide Räusche bewirken. In keinem Fall klagten die Gesegneten später über Katerbeschwerden – unfehlbar wurde Großvater heiliggesprochen. Er kaufte sich eine goldene Uhr und ein Motorrad. Auf letzterem raste er drinnen und draußen rücksichtslos herum, bis er volltrunken in der Wasserleitung steckenblieb.

Der drahtlose, sprechende Tortenboden

Ich wurde von meinen Eltern zum Konditor geschickt, um eine Sahnetorte zu kaufen. Dort erfuhr ich, die Torte sei verliehen, und ich könne nur einen klingenden Tortenboden aus einer übergeordneten Dimension bekommen. Wenn dieser abgespielt würde, erklängen meine amourösen Abenteuer. Begreiflicherweise war ich sehr neugierig und willigte ein.

Zu Hause hieß es dann: »Ist das vielleicht eine Sahnetorte?« Ich berichtete, und meine Eltern wollten sofort zum Abspielen des Tortenbodens schreiten. Es war die Zeit der berühmten, sich selbst organisierenden und zerstörenden Plattenspieler. Vorsichtshalber baute mein Vater schnell einen Phonographen. Wir waren ziemlich aufgeregt, als es endlich soweit war. Eine blecherne Stimme tönte: »Hallo, hallo, dies ist der drahtlose, sprechende Typ Tortenboden. Auf der Rückseite hören Sie die amourösen Abenteuer des Kindes. Auf Wiederhören auf der Rückseite!«

In Windeseile drehte mein Vater das Ding um. Beim Aufsetzen der Nadel explodierte leider der Plattenspieler mitsamt dem Tortenboden. Zwar gab es damals einen (recht primitiven) Spezialkleber für explodierte Plattenspieler und tönende Tortenböden aus übergeordneten Dimensionen, aber es hätte zehn Jahre gedauert, bis wir meine Abenteuer hätten hören können. Neun Jahre wären vergangen, bis wir die Krümel alle richtig zusammengeklebt hätten, und ein Jahr brauchte der Kleber zum Trocknen. Resigniert warfen wir alles weg.

Mutter weiß Rat

Lazarus Blum wollte mit seiner Mutter ein Problem besprechen. Sie riet ihm, den Führerschein zu erwerben und bot an, mit ihm zu beten.

»Worum oder wofür?« fragte er.

»Für den Draht«, antwortete die Mutter.

»Welchen Draht?«

»Den in deinem Kopf.«

Lazarus Blum hatte erblich bedingte Schwierigkeiten mit seiner linken Hirnhemisphäre. Sie war nur mit einem Draht, einem Drähtchen, befestigt. Schon bei sämtlichen Vorfahren mütterlicher- und väterlicherseits war es so gewesen. Diejenigen, die das Pech gehabt hatten, mit ihrem Leiden vor der Erfindung des Drahtes auf die Welt gekommen zu sein, hatten sich mit Kanthölzern oder Knochenleim behelfen müssen. Keine Schläge auf den Kopf, kein unkontrolliertes Schütteln, keine gefährlichen Schräglagen – oder es konnte zu einem Schaden am Draht und somit zum Verlust der Hirnhemisphäre kommen. Dann würde Blum die Fähigkeit zum abstrakten Denken verlieren und wie ein Hund werden. Vielleicht, so meinte die Mutter, fände er für diesen Fall ja eine Frau, welche ihre rechte Hirnhälfte verloren hätte. Ein geschickter Hirnphysiologe könnte aus den beiden intakten Hälften möglicherweise ein funktionierendes Ganzes machen.

Gebetet wurde dann doch nicht.

Vater kam die Leiter vom Berg herabgeritten.

Unten, in der Küche, saß Mutter auf dem Fußboden.

»Ich habe mir mit der Spülbürste den Blinddarm raus-
genommen«, sagte sie.

Vater zeigte Mutter vom Pferd aus einen kleinen Stoffhund: »Ich habe droben auf dem Berg ein Kind bekommen.«

Erschrocken rief Mutter: »Wenn aber die Kinderschän-
der kommen, oder der Wolf es durchsägen will?«

»Ich bringe das Kind lieber zurück auf den Berg«,
sprach Vater mit besorgter Miene und ritt die Leiter wieder hinauf.

Mutter betrachtete nachdenklich die Spülbürste. Sie
sagte: »Und ich versuche jetzt eine Herzoperation.«

Großvater und ich

Hinter einem Kellerfenster hielten der Großvater und ich uns am frühen Samstagabend verborgen. Und immer, wenn eine Frau vorbeikam, die uns gefiel, grunzten wir verführerisch. Das brachte uns allerdings keine Damenbekanntschaften ein. Ich war damals noch jung und konnte den Mißerfolg verschmerzen. Der Großvater aber stellte sich mit weit geöffnetem Hosenschlitz in den Vorgarten. Direkt an den Zaun, wo er den vorbeieilenden jungen Frauen in die Augen sah. Die Unterarme hatte er so in die Hose gesteckt, daß die Hände aus dem offenen Schlitz herauswinkten. Obwohl er Stunden damit zubrachte, konnte er keine einschlägigen Erfolge verzeichnen. Eine Zeitlang probierte er es mit knallroten Schuhen, die Frauen standen der Idee ablehnend gegenüber. Eines Tages gab sich mein Großvater als Lehrer aus und heiratete eine Minderjährige. Wir haben nie wieder von ihm gehört.

Ich aber bin noch alt geworden und dann irgendwo gestorben.

Vom Streben nach geistigem Austausch

Mein alter Freund Trutzhahn ertrug den ungeheuer angewachsenen Innendruck seiner Kultiviertheit nicht länger; er bedurfte dringend des geistigen Austausches. Ich kam nicht in Frage, denn von mir fühlte er sich nicht in gewünschtem Maße ernstgenommen. Es machte ihn auch befangen, daß ich zuviel über ihn wußte. Seine Frau wußte noch mehr über ihn, trotzdem versuchte er, sie nach seinem Bilde zu formen. Er ging davon aus, daß er, sollte erst ein geistiger Austausch mit der Ehefrau möglich sein, nicht eigens zu Austauschzwecken das Haus verlassen müßte und dadurch viel Fahrgeld sparen würde.

Ihre musikalischen Vorlieben waren meinem Jugendfreund, dem eingeschworenen Opernliebhaber, seit jeher ein Greuel. Zunächst warf er ihre Popularmusik-Konserven weg, als sie gerade ein wenig fremdging. Nach einer Methode, welche so genial wie gründlich war, wollte er sie kulturell auf das nötige Niveau bringen. Laut Spielplan der Städtischen Bühnen sollte in vierzehn Tagen »Don Giovanni« gegeben werden. Es blieb noch genügend Zeit für die Vorbereitung, und Trutzhahn kaufte zwei Karten. Zu Hause wurde mit der Frau die ganze Oper, von der er mehrere Schallplattenaufnahmen besaß, angehört. Sodann erklärte er seiner Schülerin beim Weine Werk und Leben des Meisters, bis er sich allgemach in die Vorstellung verrannte, er selbst sei Mozart. Glücklos imitierte er die Wiener Mundart und war vorzeitig so betrunken, daß ihn die vermeintliche Constanze zu Bett bringen mußte. Am nächsten Abend wurde die Oper nochmals angehört, diesmal angereichert mit hektischen Kommentaren. Tags darauf veranstaltete der Kulturpädagoge ein neckisches Mozart-Quiz, um den Unterrichtserfolg zu kontrollieren. Der Bildungsstand seiner Frau veranlaßte ihn zu abermaligem Abspielen der ganzen Oper. Als ich ihn zu dieser Zeit einmal aufsuchte, erklärte mir der Jugendfreund, er könne bis auf weiteres keinen Besuch gebrauchen. Das Ehepaar lese nämlich gerade das deutschsprachige Libretto mit verteilten Rollen: er alle männlichen, sie alle weiblichen. Das geschah dann noch zweimal. Die Zeit bis zum Opernbesuch wurde wahrlich intensiv genutzt. Als es dann soweit war, lag die Frau mit rätselhaften Symptomen darnieder. Ich mußte mit in die Oper.

Später investierte Trutzhahn keine Mühe mehr in seine Gattin, die ihm nie das sein würde, dessen er so dringend bedurfte. Vorübergehend versuchte er es mit einer anderen Frau. Von gutmütiger Wesensart war sie, kam jedesmal sofort zu ihm, wenn er sie anforderte, und hörte sich widerspruchslos alles an, was er ihr vorsetzte. Selbst Trutzhahn merkte bald, daß dies kein Austausch im eigentlichen Sinne war. Mit Frauen schien ihm ein solcher nicht möglich zu sein. Nein, er würde wohl die Gesellschaft gebildeter Männer suchen müssen. Fieberhaft verlangte ihn nach Anschluß an eine schöngeistige Runde. Zu diesem Zweck gab er endlich sogar Zeitungsannoncen auf. Ein gealterter Delikateßwarenhändler und ein selbsternannter Dichter meldeten sich.

Der Delikateßwarenhändler empfing Trutzhahn im Rokokokostüm mit weiß gepuderter Perücke. Alles war mächtig stilvoll: üppige Bewirtung bei lieblicher Tafelmusik. Das Gespräch war überaus geistvoll zu nennen, nach dem Essen wurde der Gepuderte aber leider unangenehm. Er rückte auf dem Sofa, das man zum Plaudern aufgesucht hatte, immer näher an Trutzhahn heran, bis dieser aufstehen mußte. Danach wurde es nicht besser. Der Delikateßwarenhändler faselte von Araberknaben, wollte seinem Gast Karajan-Schallplatten mit Widmung aufschwatzen und versuchte penetrant, Trutzhahn dazu zu bewegen, über Nacht zu bleiben oder doch wenigstens ein Bad zu nehmen. Trutzhahn mußte ganz dringend nach Hause.

Der Dichter war ebenfalls ein Reinfall. Mein alter

21

Freund, der eigens in die nahegelegene Großstadt gereist war, wo der Mann wohnte, saß einen Abend lang bei ungenießbarem Rotwein (laut Etikett »aus vielen Ländern der EG«) auf dem Fußboden einer maßlos abstoßenden Wohnung. Außerdem waren mehrere unerfreuliche Personen anwesend. Sehr übel stieß dem armen Trutzhahn eine junge Frau auf, die im Vollrausch kulturelle und historische Wertungen vornahm. »Filme mit Kostümen« fand sie pauschal doof. Stalin hingegen nötigte ihr Respekt ab, weil der, wie sie angab, »kein Spießer gewesen« sei (ein fataler Irrtum!) und »wenigstens was gemacht« hätte. Trutzhahns Protest wurde bedingt durch die allgemeine Bewußtseinslage nicht wahrgenommen. Von Inspiration heimgesucht malträtierte der speckigzottelige Dichter eine Wandergitarre und stieß unter Zuckungen jazzig gemeinte Laute aus. Seine spontanen Wortschöpfungen waren sowohl formal als auch inhaltlich stark dem Kinderreim verpflichtet. Obszönitäten nahmen überhand. Weil der ihm Nächstsitzende abwechselnd unterschiedliche Verdauungsgeräusche absonderte und darüber schallend lachte, begab sich Trutzhahn in die Küche, um nach Eßbarem zu suchen. Von dem Wein war ihm schlecht, leider konnte der Zustand der Küche keine Linderung schaffen. Zudem, so schwört Trutzhahn noch heute, hätten die Stalinverehrerin und ein später hinzugekommener Herr unter dem Küchentisch kopuliert. Da lief mein alter Freund davon. Er mochte nicht auf den nächsten Zug in die Heimat warten, sondern nahm ein teures Taxi. Den dreistelligen Betrag für die Heimfahrt habe er am nächsten Tag aus der Haushaltskasse entwendet, um seinen Taschengeldverlust auszugleichen, berichtete mir später einmal seine entrüstete Frau. In jener Woche habe er sich in ihrem Beisein am Telefon seiner Mutter gegenüber beschwert, das Essen, das seine Gattin ihm derzeit »hinstelle«, sei »auch nicht das Wahre«.

Geistiger Austausch war ihm nicht gegönnt. Flasche und Glas blieben seine einzigen Gefährten beim Denken. Oh, es ist einsam in den Gefilden, wo der Geist weht.

Das Kind und die Knallerbsen

Als armer Leute Kind standen mir zum Zwecke der schnöden Neujahrsballerei lediglich ein paar Knallerbsen zur Verfügung. Die beabsichtigte ich zum Jahreswechsel mit viel Würde an die Schuppenwand zu werfen. Doch selbst dies bescheidene Vergnügen blieb mir versagt. Meine Knallerbsen wurden in einer Kommode verwahrt, die im Zimmer des Großvaters stand. Der aber hatte seine Zimmertüre verschlossen und war zum Neujahrsball der Eisenbahner gegangen. Erst am nächsten Vormittag kam ich an meine Knallerbsen heran. Wen wundert es, daß ich sie ziemlich mißmutig und mit schiefem Maul in die Gegend schmiß?

Mehr über Großvater und mich

Es war ein Abend mit Großvater und mir.

Wir fielen in die abendlichen Straßen ein wie Morse-zeichen. Stundenlang trugen wir unsere Frisurimitate durch die Stadt und brachen auf den Stufen eines Frisier-salons zusammen. Der Salon war vor vierzehn Tagen eröffnet worden, prahlte aber bereits mit seinem acht-jährigen Bestehen. Hinein trauten wir uns nicht, denn wir sahen, wie der Friseur mit Lesemappen um sich schlug. Wir flohen den Ort.

Auf dem Newski-Prospekt sahen wir zum ersten Mal eine Frau. Darüber berieten wir mit anderen, die früher auch schon einmal eine Frau gesehen hatten. Wir be-schlossen, daß wir, wenn es nach uns ginge, jederzeit mit Freuden wieder eine Frau sehen würden.

Aber schon fesselte etwas anderes unsere Aufmerk-samkeit.

Neujahrspost

Lieber ehemaliger Schulfreund,

in der Sylvesternacht haben wir mehrmals bei Euch angerufen, aber Ihr wart wohl nicht da. Wir verlebten den Jahreswechsel bei Helgas Eltern. Sie hatten mit der Uhrzeit auf uns gewartet, und so wurde es dann auch ganz nett. Ich war wieder sehr betrunken (schon um 20 Uhr 30), und Helga hat mich mehrmals gehauen. Um 23 Uhr haben wir alle gemeinsam das komplette Mobiliar umgestellt, zuletzt dann doch wieder alles so eingerichtet, wie es ursprünglich war. Aus dem Fenster werfen mochten wir nichts. Hoffentlich war es bei Euch auch so schön. Bestimmt hat Euch Euer Sohn viel Freude mit dem Luftgewehr gemacht, das wir ihm zu Weihnachten geschenkt haben.

Ich muß jetzt schließen, bevor Helga liest, was ich hier schreibe. Dann haut sie mich wieder. Lebe wohl!

Geschlechtlichkeit und Freundschaft

Liebe Ex-Geliebte,

letzte Nacht war ich damit beschäftigt, mich auf einer rosa Wolljacke zusammenzuringeln, als ich das unwiderstehliche Verlangen verspürte, Deine alte Wohnung in der Nachtkastenstraße wiederzusehen, wo wir vor Jahren all diese schmerzlichen Auftritte hatten. Ich zog mich also hastig an und lief kopflos in die Nacht hinaus.

Mich trieb es zum Bahnhof, wie in Realschulzeiten rannte ich, den Hut fest auf den Kopf drückend, zum einzigen Bahnsteig. Bald darauf stand ich keuchend im Gang des Zuges, der mich in drei Minuten von »Kleinbahnhof« nach »Webers Bahnhof« brachte. Ich überquerte den Bahnhofsvorplatz und schritt durch einen zwölf Quadratmeter großen Park, in dem man ein Püppchen aufgestellt hatte. Hatte ich derartiges an anderer Stelle so oder so ähnlich bereits erlebt? Mit den Armen um mich schlagend rannte ich, immer mit den ganzen Flächen der Schuhsohlen auftretend, zu Deinem ehemaligen Haus. Der Klingelknopf war noch derselbe, aber mir öffnete eine wildfremde Person, die mich feindselig ansah. Nur widerwillig ließ sie mich ein, nachdem ich ihr vorgelogen hatte, ich sei Vertreter für Hänsel-Begretungsbecher. Ach! Was war aus Deinem alten Heim geworden! Weinend ließ ich mir alle Zimmer zeigen, von denen ich keines wiedererkannte. Warum war ich nicht daheim auf meiner Wolljacke geblieben? Die wildfremde Person hatte allgemach Vertrauen zu mir gefaßt. Wenig später saß ich in Deinem vormaligen Wohnzimmer (es hatte jetzt schräge Wände). Die Person tanzte zu meinem Sitzen, daß die Sammeltassen im Büfett klirrten. Sie wollte gar die Dachpfannen hereinholen und vergolden. Vor Verlegenheit reparierte ich schnell sämtliche Elektrogeräte, was sonst gar nicht meine Art ist. Wir entwickelten dann noch ein völlig neuartiges, zukunftsweisendes Weltkonzept, das wir leider nach der dritten Flasche Psycho-Syrup wieder vergaßen. Seither verspüre ich kein Verlangen mehr nach Deiner alten Wohnung. Und nach Dir auch nicht.

Dein Ex-Geliebter

Seid fröhlich in eurer Angst

1.

Ich war vor dem Diaphragma meiner Verlobten geflohen, die daraufhin ins Kloster ging. Große Angst trieb mich um. Deshalb riet mir mein Therapeut zur Anschaffung der Schallplatte »Seid fröhlich in eurer Angst« von Häuptling Heulender Hammer. Doch diese Platte war nirgendwo zu bekommen, wurde nicht mehr hergestellt, war aus dem Bewußtsein der Menschen verschwunden. Wie mein Therapeut in Hypnose aussagte, war dafür Derealisierungs-Plundergebäck verantwortlich, das eine Konkurrenzfirma in Umlauf gebracht hatte, und durch dessen Verzehr das kulturelle Körperbild besagter Schallplatte aus dem sensorischen Rindenfeld der Käuferschaft gelöscht wurde.

Angsterfüllt stand ich am Straßenrand und stieß einen seltsamen Schrei aus. In diesem Augenblick sah ich, wie ein Radfahrer, ein älterer Mann, mit dem Vorderreifen in eine Straßenbahnschiene geriet. Ein Passant rief: »Ein Junge läßt einen Drachen steigen!«

»Sie irren«, antwortete ich.

Indessen stürzte der Radfahrer aufs Straßenpflaster wie Regen oder Orangen.

»Der muß zum Puppendoktor«, war der Kommentar des Passanten. Ich lief voller Hilfsbereitschaft zu dem Gestürzten, ohne die Schuhe zu verlieren. Aber nicht sofort, ich nahm zuerst Anlauf. Aus der Mitte eines kleinen türkischen Lokals kam ich hervorgaloppiert:

»Unfall! Hier kommt Hilfe, Gott sei gepriesen!«

Ganz unten am Boden, gleich neben dem noch zitternden Fahrrad, lag der Mann. Es gingen keinerlei Strahlen von ihm aus, aber er roch nach Schallplatten. Ich konnte mich nicht entscheiden, wie ich den Verunglückten ansprechen sollte.

»Sind Sie geschwächt?« hörte ich mich fragen. »Wie spät ist es?« oder »Wie heißt du?« wäre noch dümmer gewesen.

Glücklicherweise war der Radfahrer nicht verletzt. Ich half ihm auf die Beine, die der Mann dann ruckartig bewegte. Er begann, das Fahrrad zu treten.

»Hoffentlich sind die Schläfenlappen in Ordnung«, dachte ich.

»Danke, Fremder«, sprach der Mann mit rauher Stimme. »Hier ist meine Karte.«

Auf der Visitenkarte stand:

Häuptling Heulender Hammer
Wuchtig-elementare Trotzmusik

»Sie sind Häuptling Heulender Hammer?« fuhr ich auf.

»Ja, ich bin Häuptling Heulender Hammer«, sagte der hagere Mann in dem grauen Mantel. »Vor dem ersten Diaphragma, das in unser Dorf kam, floh ich in die Berge. Heute bin ich berühmter als ›Der Rasende Recorder von Schweinfurt‹.« (Anmerkung des Autors: ›Die andere Hälfte der Hilfstruppen des Rasenden Recorders von Schweinfurt‹ kam in den siebziger Jahren auf Platz elf.)

Ich konnte es nicht fassen:

»So ein Zufall! Haben Sie wohl zufällig eine Kopie von ›Seid fröhlich in eurer Angst‹ dabei?«

»Ich trage stets eine bei mir«, antwortete der Häuptling. Aus seinem grauen Mantel zog er die ärztlich verordnete Schallplatte. Sie war zwar bei dem Sturz zerbrochen, aber das machte nichts, denn zu Hause hatte ich ja eine Tube »Dr. Drahtvaters Spezialkleber für zerbrochene Schallplatten«. Mir war also in jedem Falle geholfen. Bevor ich ihm danken konnte, entdeckte Häuptling Heulender Hammer einen Kondomautomaten auf der anderen Straßenseite und floh wieder in die Berge.

2.

Auf dem Heimweg traf ich einige Bekannte. Es stellte sich heraus, daß wir alle vor den Diaphragmen unserer Verlobten geflohen waren und große Angst hatten. Um uns Mut zu machen, suchten wir ein zentral gelegenes Café auf und krähten:

»Parole Gummirad!«

»Es lebe die Bezirksdirektion Bonn!«

»Im Namen der Nähmaschine!«

Es wurde spät. Schließlich lag der Pächter des Cafés unter seinem Akkordeon am Boden. Bezahlt wurde nicht, weil niemand mehr wußte, wieviel, wofür und womit. Gerade als ich noch einmal zur Toilette gegangen war, traf der Rettungshubschrauber ein. Man vergaß mich und flog ohne mich ab. Vollkommen allein mußte ich hinaus in die Nacht und versuchen, lebend heimzukommen. Hinter mir im Café blökte der Pächter Fleisch und Fisch durcheinander. Weil es als Zufluchtsort endgültig ausgedient hatte, duckte sich das Café und sprang in einen masseleeren, raumleeren, zeitleeren Nicht-Raum. Mir löste sich vor Bänglichkeit der innere Mensch wieder einmal total auf. Welche Mühe hatte ich, meine Persönlichkeit zu reorganisieren! Aus alten Zeitschriften, staubigen Speichern, rußigen Kellern, Antiquariaten und Müllhalden kamen nach und nach meine Bestandteile hervorgekrochen und formierten sich wieder zu dem mürrischen, kränklichen Etwas, das ich gewesen war. Auf der Straße konnte ich nicht bleiben, denn allerorts gingen schwerbewaffnete Untermenschen um. Ich stieg also auf das nächstgelegene Dach. Zu meiner Überraschung war es aber nicht einfach das nächstgelegene Dach unter einem rosa Nachthimmel mit Diamantenbesatz, sondern eine maßstabgetreue Nachbildung der Hochebene von Nazca mit ihren berühmten Linien und Erdscharrfiguren. Weit vor mir, in der Schwanzspirale des »Affen von Nazca«, lief eine Gestalt. Ich rannte hinter ihr her. Für etwa dreißig Kilometer hätten meine Kohlehydratvorräte gereicht, bevor meine Muskeln sich auf die Verbrennung von Fett umstellen mußten, aber so große Dächer gibt es ja gar nicht.

Indem ich näherkam, wurde mir klar: bei der Gestalt handelte es sich um eine Frau. Ich betete sie geradezu an. Mit der anderen Hand fragte ich:

»Wozu haben Sie denn die Nazca-Linien hier auf dem Dach?«

»Zur Empfängnisverhütung.«

Das war aber zum Aufhorchen!

»Zur Empfängnisverhütung? Ja, wie wenden Sie die Linien denn an? Schlucken oder einführen lassen die sich doch nicht?«

»Ich laufe darauf.«

»Und das wirkt empfängnisverhütend?« wunderte ich mich.

Ohne stehenzubleiben machte sie mich mit einer altbekannten medizinischen Tatsache bekannt: »Wenn eine Frau wöchentlich mehr als 150 Kilometer läuft, ändert sich ihr Hormonhaushalt, sie hat keine Menstruation mehr und wird unfruchtbar. Das bleibt so, solange sie genanntes Wochenpensum absolviert.«

Ich war außer mir – bei dieser wunderbaren Frau war offenbar kein Diaphragma zu befürchten! Mir wurde schwindlig, ich mußte mich hinlegen. Auf einer fahrbaren Krankenliege rollte ich an ihrer Seite dahin. Um von meiner Erregung abzulenken fragte ich:

»Müssen es denn die Nazca-Linien sein? Waltet da eine Art Inka-Unfruchtbarkeits-Zauber?«

Nein, das sei nur Dekoration, erfuhr ich. Es könne genausogut ein ordinärer Sportplatz oder Treidelpfad sein. Hauptsache, es würden mindestens 150 Kilometer wöchentlich gelaufen. Sie fügte hinzu:

»Ich könnte den gleichen Effekt übrigens auch erzielen, wenn ich mehr als zwanzig Prozent meines Körpergewichts abtrainierte und mein Unterhautfettgewebe auf männliches Maß brächte.«

Dagegen protestierte ich – dieses Unterhautfettgewebe

mußte in seiner gegenwärtigen Form erhalten bleiben! Es gelang mir, sie unter Schmeicheleien auf meine Krankenliege zu locken. Leider aber war dies der erste Tag, an dem die Frau ihre sportliche Verhütungsmethode praktizierte. Sie bedauerte, vorerst noch auf ihr Diaphragma angewiesen zu sein.

Von Todesfurcht ergriffen sprang ich von der Liege. Ich rannte, seltsame Schreie ausstoßend und Schallplattenbruchstücke verlierend, quer über die Hochebene von Nazca und floh in die Berge.

Der geprellte Liebhaber

Auf dem Humus meiner sträflichen Nachgiebigkeit gediehene widrige Umstände haben dazu geführt, daß ich insgesamt drei Wohnungen bewohne und bezahle. In der ersten, die genaugenommen eine junge Frau angemietet hat, deren Mietzins ich aber übernommen habe, versuche ich, eben dieser jungen Frau schönzutun, obwohl sie gar nichts für mich ist. Einmal nur gewährt sie mir die Intimität, um mich glauben zu machen, es sei mein Kind, das sie eine Woche später auf meine Kosten abtreiben läßt. Sie verlangt Mutproben von mir, wozu sie mich ausgesucht lächerliche Kleidung tragen und in dieser sowohl an den Arbeitsplatz als auch von einem Ende der Stadt zum anderen fahren heißt. Ihre alten Blusen vom Flohmarkt muß ich anziehen und mir knallbunte Pluderhosen kaufen. Lächerlich sind auch die Haarschnitte und Frisuren, zu denen sie mich inspiriert. In jeder der drei Wohnungen liegt ein Föhn bereit, um das arme Haupthaar senkrecht in die Höhe zu zwingen.

Es wird immer schwerer für mich, die erotische Gewogenheit der Spröden zu erringen; ihre Aufgaben werden von Mal zu Mal unbarmherziger. Nicht lange, und sie macht zur Bedingung, ich müsse nackt in einen katholischen Gottesdienst eindringen. Das kommt mich hart an, doch ich opfere meine mannigfachen Skrupel auf dem Altar der schnöden Sinnenlust und gehorche. In den Ohren klingt mir der Brechtsche Vers »Das ist die sexuelle Hörigkeit«, und ich stürme nach dem Abstreifen meiner Kleidung ins Kircheninnere. Der Geistliche auf der Kanzel brüllt gerade: »Laßt uns fressen und saufen, denn morgen sind wir tot!«, da erscheine ich blank wie weiland Adam, um im nächsten Augenblick gehetzt gleich einem waidwunden Wild dem Ausgang zuzustreben. Ein

Wunder, daß ich unerkannt entkommen kann. Der Vorfall wird am übernächsten Tag mit einer wenige Zeilen langen Notiz im Lokalblatt bedacht. Zwar nimmt meine Auftraggeberin befriedigt Kenntnis davon, das Versprochene aber verwehrt sie mir unter fadenscheinigen Ausflüchten. Zuerst einmal solle ich eine Wohnung mieten, auf die sie im Anzeigenteil der Tageszeitung aufmerksam geworden ist, und die nur ein paar Straßen entfernt gelegen ist. Dort könne ich mich dann aufhalten, wenn sie meiner überdrüssig wäre, und hätte es nicht weit zu ihr, wenn sie mich zu sehen wünschte. Ich willfahre ihr. In der zweiten Wohnung versuche ich dann erfolglos Bilder zu malen, was ich in der ersten, viel zu engen, schon wegen der zänkischen Frau nicht kann. Selten halte ich mich in dieser aufgenötigten Bleibe auf, und während der Nächte, die ich je nach Laune der Frau hier verbringe, liege ich kompensatorisch trunken auf einer defekten Campingliege mit Schottenmuster.

Die dritte Wohnung, mein angestammter Hauptwohnsitz, dient mir zum Ausruhen, liegt auch ganz nah bei meiner Arbeitsstätte. Zum Ausruhen aber komme ich nur selten, weil ich vor und nach der Arbeit mit Taschen, Beuteln, Koffern und oft auch Elektrogeräten oder Kleinmöbeln in öffentlichen Verkehrsmitteln zwischen meinen weit auseinanderliegenden Wohnsitzen hin- und herfahre. Meinen Hausrat habe ich auf die drei Stellen verteilt.

Noch ehe ich in der dazu bestimmten zweiten Wohnung richtig zum Malen gekommen bin, gebe ich sie wieder auf. Mit dem Geld, das ich nun einspare, finanziere ich der Frau und ihren zahlreichen Freunden einen längeren Urlaub in den Tropen. Es reicht sogar noch für die Miete der gewerblichen Etage, die die fidelen jungen Leute zum Zwecke gemeinsamer, wenn auch unklarer, Kunstausübung vor längerer Zeit vertraglich übernommen haben. Wie ich vom Vermieter erfahre, haben die Lebenskünstler ihre Vertragspflichten bislang nicht eingehalten, und der Zorn des groben Menschen entlädt sich auf mich.

Die Möbel aus der aufgegebenen zweiten Wohnung stelle ich während der Urlaubsdauer in den von der Frau verlassenen Räumen unter. Weil ich meine, dies sei die angebrachte Verhaltensweise, warte ich hündisch bei ihren zurückgelassenen Schuhen auf ihre Wiederkunft, die dann aber enttäuschend ausfällt. Obwohl ich ihr täglich geschrieben und ihr unzählige Pakete mit Spezereien an wechselnde Auslandsadressen geschickt habe, kanzelt sie mich am Bahnhof grob ab, als ich sie herzlich willkommen heißen will. Ich habe bereits vorsorglich Geld für eine weitere Abtreibung beiseite gelegt.

Daheim schilt sie mich heftig ob der durch das Unterstellen meiner Möbel entstandenen Enge und Unbehaglichkeit. Ich gebe zu, daß es ein Fehler war, den teuren Möbeltransport zu meinem Hauptwohnsitz gescheut zu haben, und spüre: ich habe alle Hoffnung auf ihre Gunst verwirkt. Während der unerfreulichen Szene trägt einer ihrer Verehrer pfeifend meine Leinwandvorräte aus dem Haus.

Die Krise

Als Maler war ich am Ende. Ich warf alles auf den Müll und gab meine Wohnung auf. Im Hause des mir durch eine frühere Freundin flüchtig bekannten Ehepaars Lützow bezog ich, auf ein Jahre zurückliegendes, mir fahrlässig gemachtes Angebot eingehend, eine Dachkammer. Länger als Herrn Lützow lieb war, partizipierte ich an seinem Haushaltsbudget. Bald verlangte er, ich solle Kostgeld zahlen oder verschwinden. Doch davor bewahrte mich seine Ehefrau Anneliese, die mich gern im Hause litt.

Mit der Zeit gewann ich unweigerlich intime Kenntnisse der Lützowschen Ehesituation, die nur zerrüttet genannt werden konnte. Die Frau wohnte im Parterre, der Mann in der ersten Etage. Ein jedes schlief in seiner Hälfte des durchgesägten Ehebetts. Beide Ehepartner waren mit eigenen Farbfernsehern und Stereoanlagen ausgerüstet. Unten lief Frau Lützow mit Kopfhörern an meterlangem Kabel herum und hörte ihre Radaumusik, oben genoß der Gatte Wagner-Opern und Bach-Kantaten unter gleichen Umständen.

Es ergab sich ganz von selbst, daß ich viel Zeit im Erdgeschoß bei der vernachlässigten Ehefrau verbrachte. Allgemach gewann Anneliese mich herzlich lieb und verwöhnte mich nach Strich und Faden. Von ihr ermuntert und mit Material versorgt, nahm ich die künstlerische Arbeit wieder auf. Kaum schlief ich noch in der Dachkammer. Herrn Lützow ging ich aus dem Weg, denn er hatte kein freundliches Wort mehr für mich. Was verschlug's? Wir beiden Renegaten im Erdgeschoß waren bei der Verwirklichung unseres gemeinsamen Lebensplanes gar nicht auf seine Unterstützung angewiesen. Von ihrem greisen Vater, der seinen Schwiegersohn am liebsten erwürgt hätte, erhielt Anneliese jede gewünschte

Summe. Fidel ging es zu bei uns! Lützow mußte im Wirtshaus essen, denn seine angetraute Küchenmagd besuchte mit mir Konzerte, Programm-Kinos oder Abnormitäten-Kabinette.

Dieser intensiven Ausgehphase folgte eine Zeit der Häuslichkeit. Unvollendete Gemälde und Pullover wurden begonnen. Anneliese und ich lagen den ganzen Tag im Bett, abends mit gedämpfter Beleuchtung. Beide stellten wir bei uns eine deutliche Gewichtszunahme fest. So verging ein schönes Jahr.

Eine sensationelle Zäsur war zu verzeichnen, als Begonia die Szene betrat. Begonia war Sängerin am örtlichen Opernhaus, ursprünglich am *Teatro Musicale di Poggibonsi*. Lützow hatte sie sich zugelegt, um seiner Frau zu demonstrieren, wie man mit Stil außereheliche Beziehungen pflegt. Bis an die Grenze seiner finanziellen Leistungsfähigkeit hatte er die schlechtbezahlte Inhaberin eines hochdramatischen Soprans mit Schmuck und modischer Kleidung behängt, ja sogar mit einem schnittigen Kleinwagen ausgestattet. Nie sah man Lützow mehr ohne Lippenstiftspuren im Gesicht oder am Kragen.

»Sie sollen ja so schnell altern, die armen Südländerinnen«, meditierte Anneliese. Begonia näherte sich der Endphase ihrer Hochblüte; ein Mann ohne festen Charakter konnte sich an ihr leicht zum Idioten machen. Und sie kam sogar zu mir ins Haus! Nur mit Mühe konnte ich mich vor Anneliese beherrschen, die mir täglich ärger auf die Nerven ging mit ihrer huhnhirnigen Art und dem kreischenden Gelächter. Sie vernachlässigte ihr Äußeres, ultramarinblaue Haare paßten ebensowenig zu ihr wie die ordinären Hosen, die sie seit dem letzten Schlußverkauf trug. Ich verlagerte meine Präsenz zunehmend auf die Dachkammer und schützte Weltschmerz oder Migräne vor.

Wann immer ich konnte, beobachtete ich Begonia, die ständiger Gast des Hauses Lützow war. Bald stahl ich ihre Photographie aus Herrn Lützows Brieftasche. Der Diebstahl konnte nie aufgeklärt und mir nichts nachgewiesen werden. Aber die Situation war bedenklich geworden, meine Tage bei Lützows waren gezählt.

In einem Teil des Gartens, dessen Betreten mir und sogar Anneliese so streng verboten war wie einst ein Teil des Paradieses den ersten Menschen, pflegte während der Theaterferien Begonia ihren Leib der Sonnenstrahlung auszusetzen. Lützow lag im Liegestuhl neben ihr. Weil sie im Privatleben allergisch gegen Opernmusik war, trug er seine Kopfhörer, die durch ein Kabel von Überlänge mit dem »Audiocenter« im ersten Stock des Hauses verbunden waren. »Die Walküre« hörte er, während das Auge wohlgefällig auf dem ruhte, was an Begonia ach so vergänglich war. Zu dem Zeitpunkt, da ich mich zur Offensive gezwungen sah, lag sie wieder wie die Sünde im Garten. Wenn ich mich in Lützows Studierzimmer schlich, solange der im Garten war, konnte auch ich das Auge mit Wohlgefallen auf der Sängerin ruhen lassen. Ich begann den mildtätigen Sinn tiefer Verschleierung zu ahnen.

Anneliese war an jenem Augustnachmittag bei ihrem Vater, um sich Trost und Geld zu holen. Im Treppenhaus belauschte ich ein Gespräch zwischen Begonia und Lützow. Der Stereoverstärker war infolge übertriebenen Gebrauchs defekt, was sofortige Reparatur erheischte. Mit dem Gerät in der Einkaufstasche verließ Lützow das Haus. Wie gut, daß er einen Fachmann in der Nachbarstadt kannte, mit dem er umzugehen wußte. Notfalls blieb er mit beleidigtem Gesicht so lange in der Werkstatt stehen, bis der Fachmann klein beigab und die Reparatur ausführte, nur um ihn loszuwerden. Begonia und ich waren auf unabsehbare Zeit allein. »Ich kann auch ohne dich in der Sonne liegen«, hatte sie zu Lützow gesagt.

Und da lag sie nun. Sofort holte ich eine auf Keilrahmen gespannte Leinwand und Acrylfarben in Lützows Zimmer mit dem Gartenblick. Binnen einer Viertelstunde schuf ich einen genialischen weiblichen Akt von höchster Expressivität. Begonia war an ihrer Sonnenbrille eindeutig zu erkennen. Nach Vollendung der Arbeit lief ich mit dem Bild zuerst in die Küche und dann hinaus in den Garten. Es gab kein Zurück mehr. Mit dem Gemälde, einer Flasche Markensekt und zwei Gläsern warf ich mich Begonia zu Füßen.

Am Abend, als Lützow zurückkehrte, war zwar sein Stereoverstärker wieder ganz, doch seine Liebschaft hinfällig. Die treulose Sängerin und ich waren zu ihr nach Hause übersiedelt. Ein Bett, einen Kühlschrank und einen Fernsehapparat gab es dort auch. Vor Zorn wird Lützow das frisch reparierte Gerät wohl an die Wand geworfen haben.

Weil Theaterferien in der Provinz, zumal ohne Möglichkeit der Gartenbenutzung, so langweilig sind, schlug Begonia nach ein paar Tagen vor, zu ihrer Familie in die Toskana zu fahren. Begonia besaß ja einen schnittigen Kleinwagen (geschenkt ist geschenkt), damit ließ sich ganz gemütlich reisen.

Kurz vor München rückte Begonia damit heraus, daß sie ein Kind habe. Es sei in einem Münchner Vorort bei guten Menschen untergebracht, und sie wolle es ihrer Familie nicht länger vorenthalten. Ob ich nicht den Vater spielen wolle? Ich mimte den Verständnisvollen, bis ich das Kind, Graziella, kennenlernte. Sie warf diverse Gegenstände nach mir. Wenn sie nichts warf, schrie sie bestialisch. In der Nähe von Innsbruck war der Ofen aus. Entwurzelt stand ich mit meiner Reisetasche auf dem Trottoir vor einer Eisdiele. Begonia war wutentbrannt auf Nimmerwiedersehen mit ihrem Töchterchen in Richtung Heimat davongebraust, nachdem der Ersatz-Papa der lieben Graziella in Notwehr eine geklebt hatte. Lange war ich damit beschäftigt, Eis und Sahne aus meinem Gesicht zu wischen. Die Frisur hatte sehr gelitten.

Ich war noch nie ein geschickter Taktiker gewesen, deshalb beging ich in meiner desolaten Lage die Torheit, ausgerechnet Lützows anzurufen. Anneliese war nicht einmal gewillt, mit mir zu reden. Wie Herr Lützow sich ausdrückte, waren sie Leute von Format, die so was wie mich nicht nötig hätten, wo sie demnächst doch ein Kind miteinander haben würden. Ich solle mich seinetwegen umbringen.

Da stand ich also vor dem Nichts, glücklicherweise aber nur für Minuten. Wie ich so dastand, erweckte ich das Mitleid einer jungen Frau von angenehmem Wesen. Trotz meiner ruinierten Frisur nahm sie mich mit in ihr Häuschen am Rande der Stadt. Im Obergeschoß des Häuschens fand ich ideale Verhältnisse für ein Atelier vor. Das freute meine Gastgeberin, und beim ersten Fachgeschäft am Platze kaufte sie schnellstens Kunstmalbedarf für mich.

Aber als Maler war ich, wie eingangs erwähnt, am Ende. Meist hielt ich mich im Parterre auf, wo der Gatte meiner Gönnerin wohnte und jeden Mittwochabend Orgien mit begeisterungsfähigen Politessen feierte.

Romanze

In einem sehr alten Gartenhäuschen lebten zwei Schwestern. Eines Abends wurde auch ich dort wohnhaft. Wir standen einander anfangs mißtrauisch gegenüber, doch das änderte sich, als ich das schadhafte Dach instand setzte. Über Nacht wollte ich es nämlich nicht lassen, wie es war, da mit Regen gerechnet werden mußte. Ich stand also auf dem Dach und hantierte erfolgreich mit langen Bahnen von Dachpappe, bis die Nacht und der Regen kamen. Und wirklich war es später, nach einer kleineren Beißerei in der Kochnische, sehr behaglich in dem Gartenhäuschen. Meine Reparaturleistung wurde lobend anerkannt. Die jüngere der beiden Schwestern lag sogar noch am selben Abend beim milden Schein der Petroleumlampe an meiner Seite, so daß ich ihr Gebiß betrachten konnte.

Die beiden Glorias

Vor relativ langer Zeit entstand aus bestimmten Gründen die Erde, auf der dann irgendwo im deutschen Sprachraum ein häßliches Kaufhaus errichtet wurde. Als ich dort eines Tages nach dem Ärgern des Hausdetektivs und dem Inbetriebsetzen der Alarmanlage zufrieden dem Ausgang zustrebe, entdecke ich in der Herren-Textilabteilung die beiden Glorias, wie sie pro Person einen maskulinen Schlafanzug erstehen.

Vor den beiden Glorias kann einem angst und bange werden, sind doch ihre Gesichter grell beschmiert (besonders mörderisch die Münder), während Schuhe und Strümpfe ausschauen wie die von dominanten Stierkämpferliebchen. Die zwei exotisch wirkenden Damen sind, kaum kann man's glauben, die Geliebten meines alten Freundes Trutzhahn. O ja, ich habe Respekt vor seinem Mut und dem pädagogischen Geschick, das einem Löwenbändiger, ach, was sag ich: einem Missionar Ehre gemacht hätte.

Eines Nachts, als ich gerade sterben wollte, rief mich Trutzhahn einst an, um mir mit süßlicher Stimme mitzuteilen, wie verliebt er sei. Er hatte die beiden Glorias über eine Kontaktanzeige kennengelernt: »Zwei tolle Frauen suchen toleranten Bartträger in gesicherter Position ...«

Sofort stellte der beherzte Akademiker das Rasieren ein, bewarb sich und kriegte den Job. Bald führte er mir seine Objekte vor, wozu er mich eigens mit ihnen aufsuchte. Ich konnte danach lange nicht einschlafen und hörte mir eine Rundfunksendung mit den schönsten Wahnsinnsarien der Opernliteratur an. Wie ich in der folgenden Zeit beobachten konnte, kam mein alter Freund gut voran mit den beiden Glorias, indem er, wie er sich ausdrückte, gleich »Nägel mit Köpfen« machte. Von Anfang an bewies er seine Toleranz: die »tollen Frauen« dürfen selbst auslosen, welcher von ihnen Trutzhahn zuerst auf den Leib rückt, um sich gleich darauf laut schnarchend zur Seite zu rollen.

Es gab jedoch schnell Differenzen den Musikgeschmack betreffend. Im Gegensatz zu ihrem Liebhaber mögen die beiden Damen keine Opern, sondern nur synthetische Tanzmusik. Trutzhahn vertraut allerdings hartnäckig darauf, daß sie einst, am Ziel seiner zivilisatorischen Maßnahmen, freiwillig im Opernhaus zu seinen beiden Seiten sitzen werden. Einstweilen gibt er ihnen, um sie zu halten, Geld für Firlefanz, mit dem sie ihr Äußeres noch abenteuerlicher gestalten können. Wie ich sie beim Kauf der Schlafanzüge erblicke, frage ich mich, ob sie die wohl auch von seinem Geld bezahlen.

Sie sehen mich nicht und machen sich stolz auf den Weg zu Trutzhahn, denn heute ist sein Geburtstag. In gebührendem Abstand folge ich ihnen, ich bin schließlich auch zum Kaffee eingeladen. Bei meinem Eintreffen überreichen die beiden Schönen gerade die Schlafanzüge, wofür sie gerührt umarmt werden. Für mein Präsent, eine Schallplatte, auf der singende Hunde mit Schubert-Liedern zu hören sind, ernte ich eine bemüht liebliche Grimasse. An der Kaffeetafel versuche ich erfolglos, einer der beiden Glorias in den Ausschnitt zu gucken, als sie sich einmal bückt, um ein abgestürztes Schmuckstück aufzuheben. Weil es am Tisch nicht bequem genug ist, ziehen sich die zwei Damen und mein Jugendfreund auf das Sofa zurück. Sie sind überhaupt nicht ansprechbar, sondern lassen einander sektschlürfend hochleben. An der Tafel bleibe ich allein zurück. Vor aller Augen und unter dem Kichern seiner Geliebten probiert Trutzhahn die neuen Schlafanzüge an: es wird langsam gemütlich. Aber wie es so zu gehen pflegt, ist plötzlich alles aus. Ein Blick auf die goldenen Armbanduhren sagt den beiden Glorias, nun müsse geschieden sein, wenn sie noch rechtzeitig nach Hause kommen wollen, um die heutige Folge einer von ihnen heißgeliebten debilen TV-Serie vor dem

eigenen (von Trutzhahn finanzierten) Color-Großbild-
schirm in Stereo zu erleben. Trutzhahn kann sich nur ein
uraltes Schwarzweißgerät leisten; nie könnte er erreichen,
daß sie damit vorlieb nähmen. Heute aber setzt er durch,
daß sie ganz auf ihr Vergnügen verzichten – ihm zuliebe.
Der Geburtstagsbonus wird gnadenlos ausgeschöpft:
»Wir gehen heute abend in die Oper. Ich habe Karten;
ihr seid alle meine Gäste.«
Noch drei Stunden bis zur Ouvertüre. Trutzhahn er-
mahnt mich, etwas Ordentliches anzuziehen; die beiden
Glorias schickt er zum Friseur und heißt sie noch mehr
Affenkram anlegen. Wie sehen sie nur aus, als wir uns
später bei Trutzhahn treffen, um gemeinsam zum Opernhaus zu fahren! Sie erinnern stark an die schrillen Mu-
mien aus ihrer Lieblings-TV-Serie. Und sie schwärmen
ungeheuer fürs Verbrechen, das sie »Äckschen« nennen,
als sie mir von Filmen vorschwärmen, die sie gern sehen.
Beim Aussprechen der unsäglichen Titel erschauern sie
und sagen auf gefährliche Weise kurz und scharf »Hah!«,
wobei sie die Unterarme anwinkeln, die Fäuste ballen
und mit den üppigen Oberkörpern eckige, ruckartige Bewegungen machen. Ein wenig trage ich Sorge, durch die
Erschütterung möchte etwas von ihren verkleisterten Gesichtern abbröckeln. O Trutzhahn, Trutzhahn!
Ich stelle eine gewisse Entfremdung zwischen den
Zombie-Weibchen und ihrem Verehrer fest. Abnutzung?
Auflösungserscheinungen? Offenbar nehmen sie ihn –
Geburtstag hin, Geburtstag her – nicht recht ernst, als er
anhebt, über die Oper »Cosí fan tutte« zu dozieren, die
wir gleich genießen werden. Sie albern unkonzentriert
herum, und Trutzhahn giftet sie wegen ihrer Schund-
filme an. Vor dem Musentempel angekommen haben die
beiden Schönheiten dann endgültig keine Lust mehr. Sie
wollen daheim fernsehen, es steht ein »Super-Äckschen-
film« auf dem Programm, in dem ein Legastheniker Öl-
tanks wie Luftballons aufbläst.
Trutzhahn verfärbt sich. Nie habe ich meinen alten
Freund so erlebt wie in den folgenden Minuten. Ich be-

ginne zu fürchten, er werde in seinem gerechten Zorn das Pflaster aufreißen und die beiden Glorias steinigen. Auch ist Sorge um seine Gesundheit angebracht, da die übergroße Aufregung bei seinen Cholesterinwerten bestimmt nicht das Richtige ist. Ich sollte schlichtend eingreifen, obwohl ich auf seiner Seite bin. Es empfiehlt sich jedoch nicht, zwischen streitende Parteien zu treten, da man bekanntermaßen Gefahr läuft, schließlich von allen Dresche zu beziehen. Konfliktscheu und peinlich berührt stehe ich etwas abseits und höre mir das Gebrüll an. Vergessen ist der akademische Grad des schirmschwingenden Wüterichs; an der Schwelle zur Handgreiflichkeit begegnen sich die drei ungefähr auf dem gleichen Niveau.

Natürlich führt der Auftritt zu Trennung, die geistige Kluft ist unüberbrückbar. Die »Äckschen«-Fans müssen schnellstens heimfahren. Uns treffen bittere Vorwürfe: wenn sie jetzt wegen uns (was kann ich denn dafür?) den Anfang des Films verpassen! Trutzhahn bestellt ihnen ein Taxi, und die beiden Glorias verschwinden damit auf Nimmerwiedersehen aus unserem Leben.

Weil ihm jetzt nicht mehr nach »Cosí fan tutte« zumute ist, fahren wir also zu Trutzhahn. Im Verlauf unserer anschließenden Sitzung in seiner häßlichen Küche schwört mein alter Freund, am nächsten Morgen werde er sich rasieren und den Bart mitsamt den neuen Schlafanzügen an die beiden Glorias zurückschicken. Dann versteigt er sich in erstaunliche Betrachtungen über das weibliche Geschlecht. Ich, der ich die Frau als solche stets sehr geschätzt habe, versuche vorsichtig, ihm nahezubringen, beileibe nicht alle Frauen seien so wie die beiden Glorias, und überhaupt sei seine Wahl nicht die glücklichste gewesen. Das verbittet er sich, und fühlt sich sogar, wie er sagt, von mir »angespuckt«. Als ich bei meiner diesbezüglichen Erwiderung dummerweise das Wort »kindisch« gebrauche, wirft mich Trutzhahn kurzerhand hinaus.

Ich schleiche nach Hause und lege mich mit Schuhen ins Bett.

Leidenschaft im Strudel der Zeit

Die diesjährige Äquinoktialnacht gedenken wir mit Hexen-künsten und Geplapper zuzubringen: Frau Hilversum, Freund Trutzhahn und ich. In Trutzhahns Arbeitszimmer warten wir drei auf übersinnliche Vorkommnisse. Mein alter Freund und seine neue Geliebte haben erst kürzlich über eine Bekanntschafts-Annonce zueinander gefunden. Aus diesem Grunde beschäftigen sie sich weniger mit mir, der ich im schwachen Schein der Leselampe angestrengt versuche, Gespenster zu sehen. Ab und zu ertappe ich mich beim Einnicken. Wenn ich mich richtig erinnere, hat Frau Hilversum vorübergehend unbekleidet am Ton-bandgerät gestanden. Ich kann mich aber auch täuschen, genausogut kann ich selbst vorübergehend unbekleidet am Tonbandgerät gestanden haben.

Punkt drei Uhr ist Schluß. Weil ich nicht weiß, wie ich heimkommen soll, fährt mich meines Freundes Geliebte nach Hause. Trutzhahn baut indessen erwartungsvoll das Klappbett auf. Unterwegs erzähle ich Frau Hilversum von einer in meinem Besitz befindlichen Schellackplatte, auf der Chopins sogenannte *Tristesse*-Etüde in der Aus-führung für Hawaiigitarre zu hören ist. Diese Platte will Frau Hilversum hören und kommt ungerührt mit her-ein. Beim wiederholten Anhören der *Tristesse* läuft sie zu mir über. Dummerweise schreit sie furchtbar laut, als sie sich mir hingibt. Mir ist das – zumal zu dieser Stunde – sehr peinlich, denn meine Vermieter wohnen direkt unter uns. Am Vormittag rufen wir vom Bett aus Trutz-hahn an und unterrichten ihn kichernd. Bestimmt hat er dauernd versucht, uns zu erreichen, aber wir hatten den Hörer abgenommen. Er reagiert völlig humorlos, und tags darauf bekommen wir unsere Photos per Post in un-frankierten Couverts zurück.

Wofür habe ich jedoch meine alte Freundschaft geopfert! Es geht nicht gut mit Frau Hilversum. Sonntags sind wir bei ihr, dann läuft sie den lieben langen Tag nackt in der Wohnung herum und verlangt von mir, es ihr gleichzutun. Baden soll ich mit ihr, seit dem Kindergarten bin ich nicht mehr so geschurigelt worden. Anläßlich unserer nicht zwanglosen intimen Zusammenkünfte fragt sie mich permanent, ob ich keine besonderen Wünsche hätte. Ich verneine und geniere mich zunehmend vor ihr. Bald meide ich sie. Ganz aus ist es, als bei meinem letzten Besuch ein vollbärtiger, dicker Mensch auftaucht und ungebeten aus seiner Aktentasche große Colorphotos hervorzieht, auf denen Frau Hilversum (durch Perücke unkenntlich gemacht) umständlich klistiert wird. Ich fliehe in die Nacht und laufe kilometerweit zu Fuß nach Hause, wo ich noch lange hinter der Gardine verborgen auf die Straße hinausstarre.

Abendliche Zerstreuung

An einem Sonntagabend, als mir eben der Wasserkessel in die Zimmerdecke gefahren war und ich in der Küche stand, das Loch in der Decke betrachtete, den Herd abschaltete und die nassen Wände ansah, just in diesem Augenblick kündete die Türglocke von spätem Besuch. Dankbar für jede Abwechslung ging ich öffnen. Vorher nagelte ich die Küchentür zu. Ein mir nahestehendes Liebespaar kam laut rufend herein. Der Mann saß den ganzen Abend auf dem Schoß der sehr groß wirkenden Frau und ließ sich mit Pralinen füttern. Als Gastgeschenk hatten mir die beiden ein Dressurpferde-Gestüt mitgebracht. Beglückt rief ich beim Auspacken: »Wer Pferde hat, dem geht das Roßhaar nicht aus!«

Auf dem Pädagogen-Ball

Die Einladung zum Pädagogen-Ball verdankte ich als Nichtlehrer einem Jugendfreund, der die Pädagogik gegen Bezahlung ausübt. Seine Frau war bettlägerig, deshalb mußte ich mit.

Was den Weg zum Ball betrifft, so meine ich heute rückblickend, wir seien wenigstens ein bißchen Straßenbahn gefahren. Ausgestiegen sind wir jedenfalls aus einem Omnibus. Zwei blonde junge Damen stiegen ebenfalls aus und strebten wie wir dem Haus zu, wo der Lehrerball gegeben wurde. Als sie außer Hörweite waren, stritten wir uns erbittert, ob es sich um die Kessler-Zwillinge gehandelt habe. Mein Jugendfreund meinte ja, ich meinte nein.

In der Empfangshalle des ehemaligen Schwesternwohnheims, wo wir endlich ins Balltreiben eintauchten, stand Mozarts Originalklavier. Alle waren überrascht und riefen: »Och!« Lediglich die Musiklehrer blieben unbeeindruckt.

Mein Jugendfreund trennte sich von mir, um Würstchen zu essen und den beiden Blondinen nachzusteigen. Ich sah ihn erst nach Wochen wieder. Schnell hatte ich am Weinstand jemanden gefunden, dem ich von meiner verlorenen Heimat erzählen konnte. Ein wenig wurde auch geweint. Am Ende ward ich auf den Tisch gehoben, und alle mußten meinen ordentlich gezogenen Scheitel bewundern. Allerdings mußte erwartungsgemäß früher oder später das Interesse an meinem Scheitel nachlassen. Von niemandem mehr beachtet, trank ich aus einem kleinen Glas und schnitt Fratzen dazu.

An den Ausgang des Pädagogen-Balles erinnere ich mich nicht mehr. Ich weiß nur noch, daß wir früh um sieben verstimmt und stinkend auseinandergingen.

Siegmund

Von Siegmund will ich berichten, obwohl das einst in einem Delfter Park beobachtete kleine Mädchen eine mindestens ebenso lohnende Hauptfigur wäre. Aber von ihr weiß ich leider nichts, außer daß sie seltsam lächelnd ihrer häßlichen Gummipuppe wieder und wieder auf den Kopf spuckte, um das Kunsthaar mit einem Plastikkamm gewaltsam zu glätten. Siegmund hingegen ist mir wesentlich vertrauter. Er hat mich immer für einen Idioten gehalten. Einmal suchte ich ihn auf und bat um eine ausreichende Menge Gift für mich. Er gab mir keins, lieh mir aber ein paar Langspielplatten.

Siegmunds Großvater hinterließ bei seinem Tod lediglich eine Unmenge Brillen. Keine davon paßte dem nachtblinden Enkel, und so nahm ich die gesamte Erbschaft an mich. Später haben meine Freundinnen nacheinander in dem Nachlaß gewütet, Gläser zerbrochen, Gestelle gestohlen, Etuis verschenkt, endlich sogar das wenige Verbliebene angeekelt auf den Müll geworfen. Anläßlich Siegmunds Beisetzung werde ich, inzwischen kurzsichtig geworden, die einzige Brille seines Großvaters, die ich retten konnte, tragen. Wenn sein Sarg ins Erdreich gesenkt wird, werde ich sie abnehmen und ihm ins offene Grab nachwerfen.

Diskreter Zustand

Du wirktest überdreht, hattest dir lauter Zahlen ins Gesicht geschrieben.

»Sockenstopfen würde ihm jetzt sicher guttun«, dachte deine Frau. Doch du wiesest den Stapel löchriger Socken zurück. Vielleicht wolltest du ein wenig spielen? Ein Bällchen jagen? Nein, du wolltest nicht. Es regnete, dein Mund wurde naß.

Essen und Trinken

Tagesbeginn   (1)

In der Küche schaltete ich das alte DDR-Radio ein. Es roch unangenehm aus dem Lautsprecher und wurde sofort wieder abgedreht. Also mußte ohne Musik gefrühstückt werden. Doch der Wasserhahn ließ sich nicht aufdrehen, der Kessel war platt, das Brot verschimmelt, und die Butter sah aus wie zu Fuß aus Indien zurückgekehrt.

Beim Masoch

Zu Hause hatte ich beim Geschirrabwaschen ungeschick-
terweise mit meinem rechten Daumennagel den Boiler
von der Wand gerissen und verbrachte die Nachmittags-
stunden im Eissalon Masoch. Dort verzehrte ich, mein
Weltbild ordnend, eine große Portion L
ischeneis. Ich
war der einzige Gast, nur hin und wieder kam ein Mädchen herein, um einen Gespensterbecher zum Mitnehmen
zu bestellen. Um Punkt 17 Uhr hängte Masoch das Schild
»Geschlossene Gesellschaft« in die Tür und schloß ab.

»Worüber wollen wir heute sprechen?« fragte Masoch, als er mir ein weiteres Lischeneis hinstellte.

»Über mich«, antwortete ich, »am liebsten rede ich
über mich.«

Masoch entschied: »Wir wollen über England sprechen.«

Er war sich nicht ganz sicher, ob er in seiner Jugend
einmal den Ärmelkanal durchschwommen hatte: »Wenn
ja, dann muß ich einen Monat dazu gebraucht haben.«

Eins seiner Spezialgebiete waren britische Toiletten
und Bäder.

»Die Klodeckel kann man nur zu zweit hochheben,
und an den Wasserspülungskästen sind Türklinken. Die
Wasserhähne sind ganz knapp, ja kaum innerhalb der
Waschbecken und Badewannen angebracht.«

Zu diesem Thema konnte ich Selbstdurchlebtes beisteuern:

»Die Riegel zum Versperren der Toilettentüren sind
oftmals unglaublich primitiv und gefährlich. Nur mit Ge-
walt sind sie zu bewegen und dabei scharfkantig wie Ra-
sierklingen. Gleich an meinem ersten Morgen in England trug ich Heftpflaster an beiden Zeigefingern.«

In der Ablehnung des klassischen englischen Früh-
stücks und des englischen Brotes waren wir uns einig.

Und die sträflichen Gewohnheiten der Leute, Tee zuzu-
bereiten!

Masoch schrie: »Die allermeisten Engländer stellen
mit heißem Wasser gefüllte Kannen auf den Tisch und
versenken große Teebeutel (!!!) darin. Wenn es überhaupt irgendwo losen Blatt-Tee gibt, über den *kochendes*
Wasser gegossen wird, dann liegt er lose auf dem Boden
der Kanne. Der Tee zieht dann, solange eben Wasser in
der Kanne ist. Nach einer Viertelstunde hat ein solches
Getränk absolute Drogenqualität im Sinne des Betäu-
bungsmittelgesetzes!«

Wohl, wohl! Davon konnte ich singen und sagen und
sogar gleichzeitig von mir sprechen:

»Ich habe einmal unter dem Einfluß eines solchen
Aufgusses sehr zum Verdruß meiner Ehefrau einiges
Aufsehen in einem Lokal zu Canterbury erregt. Zunächst
war alles leidlich glatt verlaufen, wir hatten heißen Ap-
felstrudel mit sehr viel Schlagsahne verzehrt, dabei An-
sichtskarten geschrieben und frischgebrühten Assamtee
getrunken. Meine Laune wurde desto grandioser, je stärker der Tee wurde. Lautstark verkündete ich den Servie-
rerinnen spontan ersonnene Teeregeln. Ich wischte sogar die Tages-Speisekarte von der Tafel, besorgte mir in
der Küche farbige Kreide und erließ, den Protest meiner
Frau und ihr demonstratives Verlassen des Lokales igno-
rierend, folgende Vorschriften:

»1. Je länger die Ziehzeit, desto länger die Teezeit.
  2. Je stärker der Tee, desto größer die Kanne.«

Gern hätte ich, wie seinerzeit Moses, zehn Gebote er-
lassen. Mein Sendungsbewußtsein hätte auch dazu aus-
gereicht, die Tafel und die Zeit aber nicht. Das gesamte
Personal umringte mich inzwischen, desgleichen die Gäste. In der Mehrzahl war man belustigt, denn ich lieferte
die Übersetzung meiner Teeregeln gleich mit. Leider
blieb ich nicht beim Thema Tee, sondern ließ mich auf
wildes Assoziieren ein. Die Gegenwart des Kochs verleitete
mich zu Spekulationen über eine wäßrige, strenge und

lilafarbene Soße, die mir mittags im selben Restaurant serviert worden war. Sie hatte mir das ansonsten sehr schmackhafte Gericht völlig verdorben. Zu einer Beschwerde hatte ich mich in nüchternem Zustand nicht überwinden können. Nun aber, nachdem ich den Assam-Starktee für Erwachsene hinter mir hatte und zudem einen Besuch in einem nahegelegenen berühmten Zoo, wo mir bei den Tigergehegen exakt das Aroma jener Soße wiederbegegnet war, vermochte ich mein Unbehagen nachträglich und samt der zoologischen Assoziation zu artikulieren. Es hätte nicht viel gefehlt, und zusätzlich zu den Heftpflastern an beiden Zeigefingern wären Gipsverbände und Wundnähte nötig geworden.«

Das Thema interessierte Masoch plötzlich nicht mehr.

»Ich muß in den Keller, meine schartige Frisur auswechseln«, sagte er, schloß die Tür auf und schob mich hinaus.

Auf dem Bürgersteig war mir, als stünde ich in der Rolle der ersten Person Einzahl an der Kanalküste und wisse nicht nach England hinüberzukommen. Also fragte ich bei einer Schiffahrtslinie nach. Dort hatte man Bedenken, von den Fischen überfallen zu werden. Notfalls hätte man das sogar noch riskiert, aber etwas anderes machte die Überfahrt unmöglich. Die Fähre durfte aus Sicherheitsgründen nur 18 Personen befördern, und die Mannschaft bestand aus genau 18 Personen! Das hätte ich Masoch beim nächsten Mal gern erzählt, jedoch der Inhaber der Eisdiele hatte inzwischen gewechselt. Ich erfuhr, Masoch sei wegen seiner Frisurprobleme nach England ausgewandert und befinde sich augenblicklich in Quarantäne. Und er hatte alles Lischeneis mitgenommen.

Wissenswertes vom Spinat

Zur Zeit der Teuerung haben die armen Leute Spinat ge-
trocknet, kleingeschnitten und in Ermangelung von Ta-
bak geraucht. Wenn sie das nicht getan, sondern den
Spinat, wie es sich gehört, gekocht und gegessen hätten,
wäre es ihnen besser ergangen. Einigen wurde lediglich
speiübel, von anderen aber heißt es, sie seien von früh
bis spät mit Bibeln im Handgepäck an Bahndämmen ent-
langgeschlichen. Wieder andere sollen das Jackenaus-
ziehen verlernt haben.

Der Hund des Wirts

Die Gäste des Speiserestaurants führten lautstark Klage:
»Wirt, es sind wieder Briketts im Essen!«

»Verdammt, schon wieder«, sprach der Wirt. »In der Küche muß jemand Briketts ins Essen werfen.«

Er beschloß, der Sache auf den Grund zu gehen: »Neben den Herd werde ich mich setzen und aufpassen.«

Vor dem Herd lag sein Hund und stellte sich schlafend. Auch der Wirt stellte sich schlafend. Nach einiger Zeit erhob sich der Hund leise, nahm eine Einkaufstasche und ging hinaus. Mit einem Auge beobachtete dies der Wirt.

»Wo will der Hund mit der Tasche hin? Das ist verdächtig. Ich paß auf!«

Unbemerkt folgte er ihm nach draußen. Der Hund bog um die Ecke zum Nachbargrundstück. Was der Wirt dann mitansehen mußte, war empörend: sein Hund klaute doch tatsächlich Briketts beim Nachbarn!

Mit voller Einkaufstasche lief der vierbeinige Dieb zurück ins Restaurant, der Wirt hinterher. Auf einem Stuhl stand der Hund am Küchenherd und warf Briketts in alle Töpfe und Tiegel. Später hieß es dann wieder: »Wirt, es sind erneut Briketts im Essen!«

»Ich weiß«, antwortete nun der Wirt. »Mein Hund wirft sie hinein.«

Die mißratene Bohnensuppe

Den halben Tag hat es gedauert, bis wir das Wasser in dem riesigen Kessel auf unserer einfachen Feuerstelle zum Kochen gebracht haben. Wir schütten die stundenlang vorbereiteten Zutaten für eine Bohnensuppe hinein, von der erwartet wird, daß sie sowohl schmack- als auch nahrhaft werden soll. Meine Mitköche lassen mich für kurze Zeit mit der brodelnden Suppe allein, denn sie wollen ein Transistorradio herbeiholen, damit das Essen nachher bei Tafelmusik stattfinden kann.

Ausschließlich ans Kochen auf Elektroherden gewöhnt, weiß ich mir nicht zu helfen, als die Suppe bald stärker und stärker kocht. Der Rührlöffel fällt mir dummerweise in den Topf. Um die Hitzezufuhr zu drosseln, versuche ich, brennende Holzscheite aus dem Feuer zu ziehen, gebe aber schnell auf. Verzweifelt laufe ich jammernd zwischen dem gedeckten Tisch und der Feuerstelle hin und her – die Situation wächst mir über den Kopf. Schon rinnt die wild überschäumende Bohnensuppe am Kessel hinunter ins Feuer. Ich stoße spitze Schreie aus und ergreife zwei volle Weinflaschen. In meiner äußersten Not schlage ich mit den Flaschen auf die über den Kesselrand quellende Suppe ein und schreie aus Leibeskräften.

In diesem Moment kehren meine Mitköche samt Radio zurück. Ich kann ihnen nach dem Geschehenen nicht in die Augen sehen und erwarte am Boden liegend ihren gerechten Zorn. »Tötet mich«, fordere ich sie auf, weil mir das die sauberste Lösung zu sein scheint. O nein, davon wollen meine Mitköche nichts hören – keine Spur von Anklage!

Sie zeigen sehr viel Verständnis, und zum Zeichen der Vergebung wirft einer von ihnen sogar das Transistorradio in den Suppenkessel. Was für wunderbare Menschen!

Eine scheußliche Geschichte

Beim Dichten gerät der Dichter unversehens ins Stocken und beschließt, das nahe Wirtshaus aufzusuchen.

»Das Schreibzeug nehm ich mit, es könnt mir was einfallen«, spricht er zu sich selbst und tritt aus dem Haus. Da fährt der berüchtigte dicke Dreiradfahrer dicht an ihm vorbei, mitten durch eine Pfütze, daß der Schlamm aufs weiße Papier spritzt. Der Dichter ist außer sich vor Wut. Während er noch brüllt und flucht, kommt der dicke Dreiradfahrer zurück, reißt dem Dichter das Schreibzeug aus der Hand, schmeißt's in die Pfütze und schubst den Dichter hinterdrein. Ja, der boshafte Kerl schickt sich sogar an, sein im Kot liegendes Opfer mit dem Dreirad zu überrollen. Es gilt das Leben!

Geistesgegenwärtig erschießt der Dichter den dicken Dreiradfahrer. Er hat, wie der hinzugetretene Gendarm bestätigt, in Notwehr gehandelt. Jetzt aber erst recht ins Wirtshaus, auch ohne Schreibzeug!

Der Gendarm bittet sich den Leichnam des dicken Dreiradfahrers aus, seine Frau könne zum Nachtmahl noch etwas daraus machen.

Das kosmische Käsebrot

Von den Schwierigkeiten, sich vernünftig und gesund zu ernähren

Meine Vorfahren waren seit Generationen Plantagenarbeiter in den Südstaaten der USA gewesen. Ein paar von ihnen hatten es durch Abendkurse geschafft, ins Kleinbürgermilieu aufzusteigen. So auch mein Großvater mütterlicherseits, der es vom Hobo zum Eisenbahnsekretär gebracht hatte. Mein Vater, gelernter Elektriker, hatte nach seiner Rückkehr aus dem Zweiten Weltkrieg flugs die Gitarren im gesamten Mississippi-Delta elektrifiziert.

Durch fortgesetzte falsche Ernährung der ganzen Familie wurden Weiße (Deutsche) aus uns. Doch noch heute weist mein Familienname auf unseren Ursprung hin, ein Anagramm von Egner ergibt Neger.

Früher, als Schwarze im Süden der USA, haben wir immer gegrillte Hähnchen gegessen, Unmengen sogar. Wenn wir aus dem Urlaub heimkamen (wir fuhren stets zu Verwandten, die nur Corned beef aßen), stellte mein Vater, und wenn es mitten in der Nacht war, vor dem Haus die Koffer ab und köpfte schnell ein paar Hühner, die dann noch in derselben Nacht zubereitet und verzehrt wurden. Hühner, Hühner, Hühner.

Mein erstes Käsebrot habe ich, schon als Weiß-Deutscher, mit neunzehn Jahren in einer fremden Wohnung gegessen. Dieses erste Käsebrot ließ mich auf der Stelle zum Lakto-Vegetarier werden und zog über die Jahre ungezählte Käsebrote nach sich. Man kannte mich nur mit einem Käsebrot in der Hand, anders konnte man sich mich nicht vorstellen. Mit meinen Eltern und Verwandten überwarf ich mich bald aus Ernährungsgründen. Sie hatten, auch als Weiße, das heftige Hühneressen und die als Arbeiter in den Schlachthöfen von Chicago erworbenen Eßgewohnheiten beibehalten. Meine Vorliebe für Käsebrote empfanden sie als Entartung. Als ich auch noch mit französischem Rotwein anfing, hieß es, ich sei schwul. Zu Hause trank man Terpentin mit Zucker oder Whiskey, auch ›Canned Heat‹, ein geleeartiger Treibstoff in Dosen, war sehr beliebt. Ich fand Zettel auf der Treppe, auf denen stand »Wir haben keinen Sohn mehr« und ähnliches.

Also machte ich mein Glück im Norden. Jeden Abend gab es eine Crème-fraîche-Soße, einen Schokoladen-Pudding oder eine Quarkspeise. Nachts erwachte ich, um Käsebrote zu essen.

Aus heiterem Himmel, als sollte durch eine weitere ernährungsbedingte Metamorphose ein Chinese aus mir werden, kam die große Milch-Aversion über mich. Eine Frau, von der ich vor Jahren meinen kränkelnden Kater bekommen hatte, einen Kater übrigens, der mittlerweile dermaßen mit Pharmazeutika und Giftrückständen aus glas- und holzhaltigem Katzenfutter vollgepumpt ist, daß ihn nicht mal meine karnivoren Verwandten während einer Hungersnot essen würden, jene Frau also öffnete mir eines Tages die Augen. Sie war von Käsebroten und Milchspeisen fast ins Grab gezerrt worden. Nun erfuhr ich, was für ein Wahnsinn der Milchkonsum ist. Irreparable Stoffwechselschäden, Krebs, Osteoporose, Rinderwahn und weiß der Teufel, was man noch davon bekommen kann. Und einem Freund, der an Knochenerweichung litt, verordnete der von der Milchindustrie gekaufte Arzt täglich zwei Liter Milch! Und meine Eltern tranken H-Milch! Wie recht haben die Chinesen, indem sie Milch verschmähen, ja nicht einmal ein Enzym zur Milchverdauung besitzen! Mir wurde klar, daß Kuhmilch nur etwas für junge Kühe ist, und daß man ansonsten daraus besser, wie bei Walter Kempowski nachzulesen, Tische und Anzüge macht.

Ab sofort keine Sahnesoßen mehr, keine Quarkspeisen und, was das Schlimmste war: keine Käsebrote mehr. Ich hatte Todesangst vor Käsebroten bekommen, denn die Kombination Käse (verfaulte Milch) und Brot (angebranntes Getreide) hatte sich ernährungsphysiologisch als das Gefährlichste herausgestellt, was es überhaupt gab. Ich schob Kommoden vor die Türen und nagelte die Fenster zu. Stündlich rechnete ich mit einer Käsebrot-Attacke vergleichbar mit der der Vögel in Hitchcocks gleichnamigem Film.* Sie blieb aus. Durch die Dunstabzugshaube kamen jedoch Rohkost-Propheten herabgefahren, die auf meinem Herd Wunderheilungen und Bekehrungen vornahmen. Zu der Angst vor Käsebroten gesellte sich ab sofort Ekel vor jeglicher gekochten Nahrung, dem Nährboden für Krebszellen. Zudem rannte meine Mutter gegen die verriegelte Tür an, um mir mit ihrem Südstaaten-Zuckerkuchen Gutes zu tun. Eine schwierige Zeit für mich.

Meine Mitmenschen aßen inzwischen kunstvoll aufbereitete Fertiggerichte aus Schimmelpilzen und Schlachtereiabfällen. Die Frage, die Walter Kempowski im Zusammenhang mit der oben von mir zitierten Passage gestellt hatte, nämlich ob man wohl aus Tischen (oder waren es Stühle?) und Anzügen wiederum Milch würde machen können, wurde von der Food-Industrie inzwischen mit »Ja« beantwortet.

Mit meiner Verwandtschaft und meiner Herkunft war ich fertig, mit Milchprodukten, Käsebroten und gekochter Nahrung war ich fertig, mit Rohkost inzwischen auch, künstliche Ernährung stand für mich nicht zur Diskussion. Meines Bleibens in dieser Welt war nicht länger.

Nein, nicht Selbstmord (etwa durch Käsebrot-Verzehr) war mein Ausweg aus der Misere. Ich zog eine konstruktive Lösung vor, die allerdings nur mittels besonderer Beziehungen zu bewerkstelligen war. Es zahlte sich nun endlich aus, daß ich, durch einen unentrinnbaren Knebelvertrag an einen berüchtigten, aber umsatzstarken Taschenbuchverlag gebunden, jahrelang unter Pseudonym unzählige Science-fiction-Geschichten geschrieben

* Der Film heißt ›Die Vögel‹, nicht: ›Die Käsebrote‹

hatte. Durch meine auf diesem Gebiet erworbenen Kenntnisse und Verbindungen konnte ich am kritischsten Punkt meiner Existenz die Erde verlassen, ohne zu sterben. Passenderweise wurden just in diesem Moment aufgelaufene VG-Wort-Tantiemen von astronomischer Höhe auf mein Bankkonto ausgeschüttet, so daß ich mir bequem die Passage zu einem ruhigen, hinter Alpha Centauri gelegenen Planeten namens ›Bo Diddley‹ (nicht zu verwechseln mit dem Asteroiden ›Hühner-Hugo‹) leisten konnte.

Hier war ich bis zum Eintritt in den vorgezogenen Ruhestand maßgeblich an Entwicklung und Herstellung eines psychedelischen Brotaufstrichs mit Käsebrotgeschmack beteiligt. Ernährungsbedingte Hiobsbotschaften erreichten mich nie wieder. Heute, auf dem Altenteil, geht es mir ganz ausgezeichnet. Besagter Brotaufstrich ist aber auch wirklich grandios: schmackhaft, nahrhaft, bekömmlich und überdies herzhaft halluzinogen. Hier bleibe ich.

Ja, es war ein weiter Weg vom Mississippi-Delta bis hierher. Er hat sich gelohnt.

Beruf und Karriere

Aus Dr. Drahtvaters Kindheit

Schon die Kindheit Dr. Drahtvaters, des Erfinders und Pro-
duzenten weltberühmter Spezialkleber, war geprägt von
besonderen Klebevorkommnissen. Wenn er einmal nichts
zusammenklebte, fand ihn seine Mutter in Fabriken
oder auf Kongressen, wo er den Klebstoff-Herstellern
predigte.

Von der Bestimmung des Menschen

Ein junger Bursche rührte wahllos Haarwasser, Mehl, Halmasteine und was Sie wollen zusammen. Er nannte die so entstandenen Pampen »Bartentferner« oder »Apparatemedizin«. Unfehlbar schüttete er sich das Zeug zuletzt in den Kragen, »den bildschönen Damen zum Opfer«, wie er sagte. Als seine Eltern diese ewigen Schweinereien leid waren, wurde der Junge zu einem Heiratsschwindler in die Lehre gegeben.

In der Schmarotzerlehre

Wir stehen den ganzen Tag butterbrotessend und kichernd um einen untersetzten Mann herum, der uns beibringen soll, wie man sich auf Kosten anderer Leute eine goldene Nase verdient, ohne einen Finger krummzumachen. All dies zu lernen erscheint uns entschieden zu anstrengend. Lieber treiben wir allerhand Jokus in den verlassenen Kontorräumen. Aus weiter Ferne hören wir den untersetzten Mann dozieren, doch unsere Aufmerksamkeit richten wir auf die Erfüllung eines langgehegten Wunsches. Wir legen kleine und große Cremetuben, deren Verschlüsse wir abgeschraubt haben, auf den Boden und springen mit den Füßen darauf. Es ist lustig anzusehen, wie die Creme die gegenüberliegende Wand erreicht. Danach wird es aber langweilig, und in die entstandene Leere hinein richten wir die bange Frage, ob unser Leben womöglich verpfuscht sei.

In der Telephonzentrale

Die Telephonistin erklärte mir, für sie käme nur ein Schwarzer in Frage. Dafür hatte ich Verständnis, zeigt doch die Geschichte, daß mit uns Weißen nicht viel los ist.

Hinter der Telephonzentrale, durch eine kleine Verbindungstür zu erreichen, lag eine schlecht beleuchtete Tropfsteinhöhle. Dort wurden die alten Sommerschuhe der bisherigen Telephonistinnen kaltgestellt. Ich staunte.

Heute stehen auch Sandalen von mir in der Höhle, denn ich habe einen Sommer lang den Telephonzentralendienst versehen.

Meine zirzensische Phase

Ich prügelte mich mit Trappern, soff mit den Indianern in der Reservation und tat den Barfrauen schön. Wie lustvoll war ich bei der Sache! Wie unverknüpft mit dem Denken war mein Handeln, wie dumpf, tierisch-wahllos und leicht befriedigt mein Triebleben. Oft genug erwachte ich an mir unbekannten Orten mit getrocknetem Eierlikör oder Zimt in meinen Haaren. Die Stiefel mußte ich mir von den Füßen schneiden. Es wurde sogar notwendig, daß ich im Drugstore mit fester Stimme ein probates Mittel gegen Filzlausbefall verlangte. Kaum waren die Läuse besiegt, stürzte ich mich schon wieder in den Unrat. Gewiß hätte ich ein Ende genommen wie E. A. Poe, wenn nicht meine indianischen Zechbrüder Anstellungen bei verschiedenen Zirkussen gefunden hätten. Sogenannte »Völkerschauen« waren damals beim Publikum sehr beliebt, sodaß ganze Stämme zum Zirkus gingen. Zunächst erwartete ich, meine Kumpane kämen bald enttäuscht zurück, und alles ginge weiter wie bisher. Doch ich irrte mich. Zwar kamen mich hin und wieder ehemalige Mitpokulanten besuchen, aber sie waren völlig neue, mit dem neuen Leben zufriedene Menschen geworden. Zu ihren Arbeitgebern pflegten sie ein freundschaftliches Verhältnis. Zirkus-Indianer waren ungeheuer erfolgreich, besonders in Deutschland. Wo immer sie eintrafen, gaben Schulen und Firmen ihren Insassen frei. Ein Häuptling namens Two-Two ließ sich sogar in Dresden beisetzen, weil die Stadt seine zweite Heimat geworden war.

Ich müsse mein Schicksal selbst in die Hand nehmen, sagten die Ex-Kumpane. Als Erwachsener müsse ich »den Willen in mir als ein Werkzeug meiner persönlichen Freiheit entwickeln und lernen, ihn auf meinen

Vorstellungsvorrat anzuwenden«*. Aber dadurch sah ich mich aus dem Paradies der schöpferischen Möglichkeiten verstoßen. Ich wollte nicht nur »Person« sein, sondern »Mensch im vollsten Sinne«. Kopfschüttelnd hörten die Indianer meine Ausreden. Sie sprachen von einem Dämon, von dem ich offenkundig besessen sei. Ob ich denn ein »Bohemien im schlechten Sinne« sein wolle? Einer von »jenen vielen Formlosen, die nicht nur im Gefühls- und Phantasieleben, sondern auch in der moralischen Bewältigungskraft große gefährliche Kinder geblieben sind, jenen ästhetenhaften Unproduktiven, von denen sich nicht wenige in einer fruchtlosen Sehnsucht nach den verlorenen ungeheuren Erregungen der Kindheit ihr Leben lang verzehren«? Dann zogen sie wieder zu ihren triumphalen Auftritten in die Welt hinaus. Trotzig blieb ich zurück, aber mich befielen allmählich Zweifel an meiner Lebensweise. Aus der Ferne nahmen meine wohlmeinenden Freunde Einfluß auf mein Schicksal.

Ich hatte alte Bekannte in der damals noch existierenden DDR, in Dresden. Denen schickte ich regelmäßig Pakete mit den Segnungen des Westens. Dafür revanchierten sich die dankbaren Empfänger mit allerlei gutgemeintem, aber unbrauchbarem Zeug, darunter auch etliche Bücher. Wieder einmal hatte ich so eine Sendung bekommen. Außer einem unansehnlichen Aschenbechersatz aus brennbarem Material und einem abstoßenden, schwer identifizierbaren Erzgebirgsartikel waren zwei, drei Bücher dabei. Ich nahm beiläufig eines zur Hand und schlug es auf. Es war ein von Tieren verfaßtes Buch, und es löste augenblicklich eine brennende Zirkusleidenschaft beim Leser aus. Natürlich ahnte ich nicht, daß es mir von den Indianern zugespielt worden war. Ich konnte nicht mehr aufhören zu lesen, der Kopf schwirrte

* Hier wie im folgenden zitierten sie schamlos den Wissenschaftler G. F. Hartlaub (»Der Genius im Kinde«, Breslau 1930) und ließen mich glauben, die schönen Formulierungen seien von ihnen.

mir tüchtig. Ab sofort sammelte ich alles, was mit Zirkus zu tun hatte. Bald war mein Nachtschränkchen angefüllt mit Zeitungsausschnitten, Programmheften, Zirkusbüchern und mühsam abgerissenen Plakaten. Fragmentarische Spielzeug-Zirkusse in drei verschiedenen Maßstäben nannte ich mein eigen. Ich ließ mir sogar vorübergehend den Mund mit Drähten und einem Kunststoffklotz füllen, um zur Belohnung dafür Tierfiguren und Zirkuswagen zu bekommen. Was nicht gekauft werden konnte, wurde selbst hergestellt aus Pappe, Sperrholz und Modelliermasse. Wenn es nötig gewesen wäre, hätte ich sogar Brot, Kot und Blut benutzt.

Schließlich aber wollte ich meinen eigenen richtigen Zirkus im Maßstab 1:1 haben. Mit dem wollte ich im Regen von Stadt zu Stadt ziehen, vielleicht sogar einmal durch Ungarn. Ich ging hin und gründete einen Wanderzirkus. Natürlich fing ich ganz klein an. Zuerst war mein Zirkus so klein, daß er in einen Schulranzen paßte. Mit diesem hängte ich mich unter Eisenbahnzüge und fuhr von Ort zu Ort. In kurzer Zeit wuchs mein Unternehmen. Ein indianisches Salonorchester, die bekannte Kunstreiterin und -schützin Prärieblume und ein gutmütiger Grizzlybär gehörten nun dazu. Wir firmierten unter

Egner's Völkerschau und altdeutsche
Bärenschauspiele.

Kritiker nannten uns einen »metakarnevalistischen Sauhaufen«. Das gesamte lebende und tote Inventar paßte in einen einzigen alten Zirkuswagen. Den zog ich persönlich über die Landstraßen. Dabei ging ich auf Stelzen, in einen langen Umhang gehüllt, mit zerbeultem Cowboyhut und wildbewegtem Gesicht. Mit unartikulierten Ausrufen pries ich die Höhepunkte des Programms an, während aus dem Inneren des Wagens Gemurmel und Musikfetzen drangen. Das Fehlen eines Zeltes kompensierte ich in dieser Frühzeit meines Zirkus mittels einer aufwendigen, einem orientalischen Märchenpalast nicht unähnlichen, Fassade. Die Menge der

Zuschauer nahm den Mangel nicht wahr, viel zu sehr waren alle mit Kartenabreißen beschäftigt. Jenseits des prunkstrotzenden Vorbaus liefen alle ziellos kreuz und quer. Niemand konnte fassen, daß hier gestern noch ein leerer Platz gewesen war. Das über Seile stolpernde Publikum wähnte sich in eine extreme Welt des Absonderlichen und Alogischen entführt. Nach einer kleckernden Ouvertüre der Indianer-Kapelle wurde die Märchenwelt lebendig. Als Prinzipal schnitt ich meine Grimassen, krähte wie Peter Pan; Prärieblume schoß hoch zu Roß alles kurz und klein. Der zottige Bär wackelte hin und her, sodaß sich sein duftiges weißes Röckchen aufbauschte. Bizarre Meeresgeschöpfe mit langen Haaren oder Herden von Elefanten, Kamelen, Drachen und dergleichen dachte man sich gern hinzu. Alles war verwirrend, und das sollte es auch sein. In den Pausen nahm ich immer wieder das enthusiasmierende, von Tieren verfaßte Buch zur Hand. So wuchs meine Zirkusbegeisterung mit jedem Tag. Mein zerstörerischer Dämon, von dem die Indianer geredet hatten, war geläutert worden. In Form von zirzensischer Besessenheit lenkte er mein Leben nunmehr in produktive Bahnen.

Im gleichen Maße wie die Begeisterung wuchs auch der Zirkus. Durch Ausstrahlung psychischer Energie (sogenannte Emanation) vermehrte ich täglich das Zubehör. Allerdings war diese Technik mit ganz ungewöhnlichen Kraftanstrengungen verbunden, und ich mußte sehr viel essen, um den Energieverlust auszugleichen. Am schwersten fiel mir die Anschaffung eines viermastigen Zeltes mit Platz für dreitausend Zuschauer. Ich brachte mich durch intensives Lesen in besagtem Buch in höchste Ekstase. Im Trancezustand stimmte ich einen religiösen Hymnus an. Dann begann ich mit strahlendem Gesicht den »Einmarsch der Gladiatoren« zu intonieren, wobei ich eine Zirkuskapelle onomatopoetisch darstellte. Bald änderte sich mein Zustand, ich schien meiner Sinne nicht mehr mächtig. Ich lachte, weinte, sang und trötete den Zirkusmarsch, wand mich wie ein Seiltänzer, nahm unzüchtige Stellungen ein, versuchte Chemikalien zu trinken (zum Glück waren keine da) und fiel zu Boden ohne zu zerbrechen. Als das Chapiteau endlich heraus war, war ich vollkommen ermattet und mußte, noch bevor ich das Bewußtsein wiedererlangt hatte, zu Bett gebracht werden, wo ich erst nach mehreren Tagen erwachte. Auf die gleiche Weise, wenn auch etwas weniger anstrengend, schaffte ich weitere Wagen sowie Personal herbei. Gerade, als ich einen stattlichen Zirkus beisammen hatte, mußte ich auf ärztliches Anraten mit den Emanationen aufhören. Es hieß, ich untergrabe damit nach und nach meine Gesundheit. Der Zirkus florierte dergestalt, daß alles noch Fehlende, etwa Krokodilbrüder, spitzbärtige Angestellte oder doppelschwänzige Melusinen, auf gewöhnlichem Wege beschafft und bezahlt werden konnte. Durch die Emanations-Abstinenz erholte sich meine Gesundheit binnen kurzem. Ich konnte wieder in der Manege Fratzen schneiden, in der Abendvorstellung sogar den Bären vorführen, dessen Augen abwechselnd in vier Farben leuchteten: rot, gelb, grün und blau.

Fachwelt und Publikum zollten mir ungeteilte Hochachtung, meine indianischen Freunde waren stolz auf mich. Wie gut, daß sie mir seinerzeit das Buch zugespielt hatten! Inzwischen brauchte ich es nicht mehr, meine Zirkusbegeisterung war nicht mehr steigerungsfähig. Selbst Giraffenhalsfrauen und leichtgeschürzte Pantherbräute verblaßten gegen mich in meinem exotischen Anderssein. Ein einziges Mal nur habe ich ein paar kostümierte Hundsäffinnen getroffen, die es mit mir aufnehmen konnten. Sie hatten sich aus Exkrementen ein Staatstheater errichtet – ausgerechnet auf dem Zirkusplatz! Dadurch wurde ein Konkurrenzkampf entfacht, der von beiden Seiten mit größter Härte und dem Einsatz aller Mittel geführt wurde.

Ich unterlag und fing wieder an, mich mit den Trappern zu prügeln und den Barfrauen schönzutun. Zum Entsetzen meiner Indianerfreunde begab ich mich in

Gesellschaft entwurzelter Eskimos, die so entwurzelt waren, daß ich ihnen aus Plastik-Müllsäcken arktistaugliche Kleidung herstellen mußte. Mit denen versoff ich den ganzen Zirkus.

Der Handwerker

Ein Handwerker kommt, um ein Fundament unter das Haus zu mauern. Er sagt: »Da bin ich«, trinkt sofort eine ganze Flasche Wodka und muß nach Hause gebracht werden.

Bringt uns zur Oma

Ein religiöser Eiferer namens Embol beabsichtigte, das weltumspannende Disney-Imperium vom Markt zu verdrängen. Seine Alternative lautete »Bringt uns zur Oma, während draußen die Welt weitergeht«. Millionen zahlender Eskapisten gedachte er per Neuro-Direktanschluß »zur Oma in ihrem magischen Garten« zu schicken. Mit der Zeit sollte *die* neue Weltreligion daraus werden. Doch die paar armen Schweine, die sich darauf einließen, berichteten später, der »magische Garten« sei ein verwildertes Grundstück hinter einem Maschendrahtzaun gewesen. Die Oma wurde als ältliche Schreckschraube mit verkniffenem Eulengesicht geschildert. Meist spielte sie kreischend mit einer widerlichen Knetmasse. Je nach Laune kündigte sie manchmal an, man werde sogleich »ganz wahnsinnige Dinge tun«. Doch sie ging nur ein paarmal hinter einem Stuhl in die Hocke und guckte über den Tisch. Das Programm wies hin und wieder Gleichlaufstörungen auf, dann verfiel die Oma in Hysterie und wurde richtig gefährlich.

Embol hatte gegen Disney keine Chance. Im Aschekasten eines im Keller abgestellten Ofens begann er heimlich Rosen zu züchten.

Glanz und Elend des Berühmtseins

Ein Schlesier hatte die kostspielige und umständliche Verwandlung in einen mannsgroßen Ratz auf sich genommen, was ihn zwar seinen früheren Lebensverhältnissen entfremdete, aber für Aufsehen auf dem internationalen Parkett sorgte. In mehreren Filmen und Fernseh-Shows wirkte der Schlesier mit. So sehr er sich auch gegen eine einseitige Rollen-Festlegung wehrte, er war und blieb ein mannsgroßer Ratz.

Die schreckliche Veränderung

Irgend etwas schien an Otis Morgenthaus Arbeitsplatz anders zu sein als sonst. Seine Kollegen wirkten verstört, fast wie Priesterkönige. Nicht, daß sie sich etwa die Haare golden gefärbt hatten, aber in ihren Blicken lag etwas Ungewisses, Schreckliches. Sie hatten ihre »Ja«-Brettchen geputzt und bereitgelegt, da wußte Otis, daß er mit dem Schlimmsten rechnen mußte. Eine Abteilungsleitersitzung war vom Chef anberaumt worden. Eine Umwälzung stand bevor. Gegen elf kehrten die Abteilungsleiter wie aus dem Jenseits zurück, um allen das Sitzungsergebnis zu verkünden. Ab sofort sollte der Gummianteil an den Sohlen der in dieser Firma hergestellten Hausschuhe um 400 % erhöht werden.

Otis wähnte sich vollgestopft mit kilometerlangen Drähten und glühenden Vakuumröhren, sein Gehirn mit den etwa zehn Milliarden Neuronenschaltungen fühlte sich an wie griechische Teigwaren. Ob er es einfach wegwerfen sollte?

Der Förderpreis

Zwanzig Jahre nach seiner erstmaligen Auslobung ist Dr. Schneiders Förderpreis für sinnlose und unästhetische Texte zum attraktivsten Literatur-Förderpreis im deutschen Sprachraum geworden. Die Preisgeldsumme beträgt sage und schreibe vier Millionen D-Mark. Entsprechend groß ist die Zahl der Bewerber.

Da ich dringend Geld brauchte, um Verlage zu bestechen, damit sie meine sinnlosen und unästhetischen Texte veröffentlichten, bewarb ich mich. Umgehend erhielt ich ein Schreiben, in dem mir die Überprüfung meiner Preiswürdigkeit angekündigt wurde. Meine Referenzen konnten sich sehen lassen: zwei Buchverlage und eine Zeitschrift waren ausschließlich meinetwegen in Konkurs gegangen. Der gesunde Volkskörper hatte sie abgestoßen, nachdem sie durch die Veröffentlichung meiner Texte erkrankt waren. Weitere Zeitschriften hatten aufgrund massiver Proteste seitens der Leser sowie Abonnementskündigungen in dramatischer Höhe die Zusammenarbeit mit mir eingestellt. Der einzige Buchverlag, der noch anderthalb Titel von mir im Programm hatte, verramschte diese eiligst. Meine Hörspiele hatten regelmäßig tausende Rundfunkhörer dazu gebracht, ihre Radiogeräte zu zertrümmern und bittere Beschwerdebriefe an den Intendanten zu richten. Immer wieder fielen darin die Begriffe »sinnlos« und »unästhetisch«.

Als mir die Prüfungskommission endlich einen Prüfer ins Haus schickte, hatte ich bereits seit fünf Jahren totales Veröffentlichungsverbot. Der Prüfer, ein dicker nackter Mann, war Dr. Schneider persönlich.

Er drängte mich an die Wand und sagte: »Ich ertrage diese Geschmack- und Sinnlosigkeit nur genau drei Minuten lang.« Also mußten wir uns mit der Prüfung beeilen. Am Wohnzimmertisch sitzend, ergriff ich Dr. Schneiders linkes Handgelenk, an dem er bei aller Nacktheit doch eine Armbanduhr trug. Während der Prüfung ließ ich es nicht mehr los und starrte unentwegt auf die Uhr. Man ist vor nichts sicher. Durch die Tür herein kam eine dicke nackte Frau, die mit einer Prüflampe nach uns schlug. Ich erkannte sie sofort: es war die in Erfurt zur Wurstlyrikerin ausgebildete Ilse Moebius-Angstwurm, eine Mitbewerberin um die begehrte Auszeichnung und meine größte Konkurrentin. Sie war dafür bekannt, daß sie ihre Schreibmaschine von innen mit sinn- und geschmacklosen Texten beschrieb.

Vor meinen Augen prügelte sie den Preis aus Dr. Schneider heraus: eine extrem unästhetische Szene. Ich rannte schreiend davon, um mich außerhalb der Stadt im Erdreich zu vergraben.

Ladenschluß

Der Verkäufer mahnte: »Beeilen Sie sich bitte beim Bezahlen, ich schließe gleich. Wenn ich nicht pünktlich Feierabend mache, kriege ich Prügel von meinem Stockschirm.«

Er wies zur Wand, wo der Schirm festgebunden war. Ich sah ihn nicht gleich und mußte die ganze Wand abtasten. Auch wollte das Geld nicht recht den Besitzer wechseln. So verloren wir wertvolle Zeit, der Ladenschluß verzögerte sich durch meine Schuld. Da riß sich der Schirm aus seiner Wandhalterung los. Erbarmungslos drosch er auf den Verkäufer ein. Dieser rief mir mit schwacher Stimme zu: »Gehen Sie! Schnell, bevor er Sie aus dem Laden knüppelt!«

Ich entkam mit knapper Not.

Kurze Würdigung

Es ist beschämend und typisch zugleich, daß anläßlich des hundertsten Geburtstags der Kinematographie alles und jedes gefeiert, dabei aber eines Mannes nicht gedacht wurde, welcher in der Filmgeschichte seinesgleichen nicht hat. Die Rede ist vom großen deutschen Regisseur Orphan-Fiesel, dem Mann, der jedem seiner Filme ein Ragout fin voranstellte. Unbegreiflich, daß er mit Meisterwerken wie »Nach mir der Stromschlauch« oder »Das Zutischsitzen der Gebrüder Takthalter über den Propheten Paulus Pilcher« nicht den Kultstatus erlangte, der ihm so gut zu Gesicht gestanden und nicht zuletzt auch bestens zu seiner karierten Jacke gepaßt hätte. Die Filmforschungsstelle in Passau hat jetzt nachgewiesen, daß Orphan-Fiesel nicht nur »Schultern wie Nostradamus« (Titel der Orphan-Fiesel-Autobiographie), sondern auch revolutionäre Ansichten und Arbeitsmethoden am Leibe hatte. Dies nicht nur bezogen auf seine Zeit, sondern auf alle Zeiten. Zum Beispiel pflegte der charismatische Regisseur zu Beginn der Aufnahmearbeiten grundsätzlich das Drehbuch aus dem Fenster zu werfen. Drehbücher waren seiner Überzeugung nach »etwas für Feiglinge und Schwächlinge«. Er selbst, so betonte er immer wieder (mit Schnittchen im Haar), habe alle seine Filme ohne derartige »Krücken« gedreht, einige sogar ohne Schauspieler oder Kamera. Mit bloßen Händen habe er bereits als Kind das Tibetanische Totenbuch verfilmt.

Durch eine Hautverpflanzung wurde er schließlich Regisseur. Von seinem ersten bis zu seinem letzten Film legte der Zelluloid- (und Cellophan-) Verächter Orphan-Fiesel stets größten Wert darauf, daß im Nachspann die Namen sämtlicher Kinobesucher aufgeführt wurden.

Das Theaterwunder von Weimar oder Stralsund

Wir erinnern uns: noch vor einem Jahr steckte das Weimarer Sprechtheater tief in der Krise. Es kann aber auch das Thalia-Theater zu Stralsund gewesen sein, so genau weiß man das nie. Jedenfalls wurden wahllos Rettungskonzepte ausprobiert, von denen keines tauglich war: Neuerrichtung des Schauspielhauses an anderer, geheimer Stelle, Verschärfung der Kontrollen im Kassenbereich, Abschaffung der Toiletten. Der Bühnenbetrieb war verquollen, das Programm verwest, der Schauspieldirektor verschwunden. In letzter Sekunde, als schon eine Wurstfabrik aus dem Theater gemacht werden sollte, wurde ein neuer Intendant verpflichtet. Wie durch ein Wunder war es kein Geringerer als der berüchtigte Helmut Bratwasser aus Berlin, der in Fachkreisen als »sechsmotorige Wildsau« galt. Im Privatfernsehen war er wiederholt dafür eingetreten, alles müsse »irgendwie anders« gemacht werden.

Außer seinem zweiundvierzigköpfigen Harem und etwa siebzehn Tonnen Hausmüll brachte Bratwasser ein erstaunliches Konzept zur Reformierung und Sanierung des Bühnenbetriebs mit. Als unmittelbares Vorbild nannte er die große Gemäldereform nach Prof. Schlichtegroll, die dieser persönlich vom Klavier aus geleitet hatte, bis das Geld alle gewesen war. In Bratwassers Fall war das Geld bereits alle, bevor er sich ans Klavier setzen konnte. Genaugenommen reichte es nicht einmal mehr für ein Klavier. Der Presse gegenüber erklärte er, die Leute interessierten sich sowieso nicht für das Sprechtheater, welches in den meisten Städten auch unerträglich blöd sei. Die Leute interessierten sich seiner Meinung nach ausschließlich für Mord, Bodybuilding, Lärm jeder Art, Kindsmißbrauch und Schönheitsoperationen. Dem müsse Rechnung getragen werden.

In der ersten Spielzeit unter dem neuen Intendanten gab es Goethes Urfaust in einer Bearbeitung durch Bratwasser selbst. Seine Inszenierung brachte den stark aktualisierten Stoff in Form einer monumentalen Vorsorgeuntersuchungs-Szene. Gespielt wurde an der Decke des Schauspielhauses. Der als Weihnachtsmann (mit Hakenkreuzbinde) kostümierte Faust warf Kinder nach Heizkörpern, weil das leichter für ihn war, als Heizkörper nach Kindern zu werfen. Auch die Rolle des Gretchens war von Bratwasser gänzlich neu ausgedeutet worden. Die Darstellerin trat, wie es der Zeitgeist verlangte, vollkommen unbekleidet auf, wurde mit Senf beschmiert und wälzte sich eine Stunde lang schrill schreiend an der Decke herum. Eine Haushaltsleiter aus Leichtmetall verkörperte dabei das gute Prinzip. Simultan konnte auf überall verteilten Fernseh-Bildschirmen die Übertragung eines Fußball-Länderspiels verfolgt werden. Goethe selbst hätte es nicht besser machen können.

Man darf wirklich auf die zweite Spielzeit gespannt sein. Helmut Bratwasser hat nämlich angekündigt, er wolle den sozialen Wohnungsbau im Gewand des Shakespeareschen Hamlet auf die Bühne bringen. Der abgenudelte Monolog »Sein oder Nichtsein« soll dann allabendlich live in 12 000 Mietwohnungen umgewandelt werden.

Ein interessanter Konzertabend

Sämtliche Rampenlichter brannten, aus den Lautsprechern summte es verheißungsvoll. Ein maskierter Mann trat ans Mikrophon. Er konnte eine Bühne beherrschen, das war ihm anzusehen. Wenn er wollte, trieb er seine Begleitmusiker die Treppe hinunter in die Künstlertoilette. An diesem Abend duldete er keine Mollakkorde. Mit hängenden Kiefern stand seine Band im Hintergrund und muhte sentimental. Nun arbeitete sich der Mann zu einer ungeheuren Erregung hoch, sprang mit einer Schreibmaschine umher, ließ ein drei Meter langes Stück Kanalisationsrohr von der Hallendecke hängen, zuckte wie von heftigen Krämpfen geschüttelt. Die letzte gelbe halbe Stunde seines Auftritts konnte er nur im Liegen, mit einem Eisbeutel auf dem Kopf, absolvieren. Leider war der Name des Mannes geheim. Schade, denn man hätte sich doch bei Gelegenheit einmal eine Schallplatte von ihm kaufen können.

Als nächstes spielten die »Elektrischen Traumschafe« auf Elektroschnorcheln, danach das Septett »Leberwurst Leberwurst« mit rauhen Händen und quietschenden kleinen Schenkeln. Sie sangen unter anderem von Primzahlmustern, die ohne fremdes Zutun über Nacht auf Einlegesohlen entstehen – schon interessant!

Das Experimental-Trio

Vor langer Zeit war ich Gitarrist eines Experimental-Trios. Sowohl ich als auch der Bassist sägten daheim so lange experimentell an unseren Gitarren herum, bis nichts mehr übrigblieb. Bei unseren Auftritten beschrieb ein Schriftsteller dem Publikum, was zu hören gewesen wäre, wenn wir unsere Instrumente dabeigehabt hätten. Der Trommler hatte daheim nichts zersägt. Überall an seinem Schlagwerk hatte er Rückspiegel installiert, damit er beim Hämmern den Sitz seiner Frisur überprüfen konnte.

Das Ende eines Streichquartetts

Nach siebzehn Jahren gemeinsamen Musizierens traten unter den Quartettmitgliedern Schwierigkeiten auf. Sie bohrten sich gegenseitig Löcher in die Instrumente, und einer steckte des anderen Noten in den Aktenvernichter, ohne vorher Kopien davon zu machen. Hinzu kam der Entschluß des Cellisten, ab sofort nur noch mit einer Pfeifmaschine zu arbeiten. Weder Großfürstinnen noch Hausschuhfabrikanten vermochten das Auseinanderbrechen der Formation zu verhindern. Die betroffene Schallplattenfirma konnte den Verlust wettmachen, indem sie ein kleines Mädchen und seine singende Kröte groß herausbrachte.

Das Städtische Orchester probt

Während der Dirigent bestimmt, wer welches Instrument spielen soll, erwächst ihm Opposition aus den Reihen der Musiker, die ausnahmslos zum Bongotrommelspielen entschlossen sind. Natürlich trifft ein solches Begehren auf die barscheste Ablehnung durch den Dirigenten. Die Fronten sind verhärtet, ein Kompromiß ist schier undenkbar. Wie aus einem Munde ruft die gesamte Orchesterbelegschaft: »Wir sind es herzlich leid, Därme zu streichen und in Rohre zu blasen, seien sie metallen oder von Holz. Wir alle wollen Bongotrommeln spielen!«

Schon erfüllt wildes Getrommel den Orchestergraben. Wenn je Autorität gefordert war, dann hier und jetzt. Mit Donnerstimme droht der Dirigent seinen Schützlingen, er werde, falls sie sich nicht seinem Kommando unterwürfen, all ihren Bongotrommeln Haare wachsen lassen. »Das wollen wir aber nicht«, sagen die Orchestermitglieder. Angesichts ihrer Renitenz macht der Dirigent seine Drohung wahr: er läßt tatsächlich allen Bongos Haare wachsen! Nun räsonieren die Musiker, weil ihre Trommeln nur noch ganz dumpf und leise klingen.

Der Dirigent befiehlt: »Schafft die Bongotrommeln zum Theaterfriseur und laßt sie rasieren.«

Und wie die Musiker kleinlaut seinen Befehl befolgen, spricht er zu sich selbst:

»Sie sind wie die Kinder. Man muß Geduld mit ihnen haben.«

Aus der Frühzeit des Komponistenstandes

Anläßlich der Fünfhundertjahrfeier des Sankt-Sauerbruch-Konservatoriums hielt dessen Direktor, Herr Professor Hartlaub, eine vielbeachtete Rede. Daß das längst nicht immer so wie heute gewesen sei mit der Musikerausbildung, betonte er. Ganz besonders die Unterweisung im Fach Komposition sei eine neuzeitliche Errungenschaft. »Den modernen, akademisch ausgebildeten Komponisten, wie wir ihn kennen, gab es zum Beispiel in meiner Jugend noch gar nicht«, wußte Prof. Hartlaub zu berichten. Er fuhr fort: »Vor der Erfindung des Konservatoriums durch eine gewisse Frau Frowein konnte man auf die abenteuerlichste Weise Komponist werden. Oftmals reichte schon eine bestimmte Laune oder eine zufällige Konstellation von Umständen aus. Ich habe das ja selbst erlebt. Als ich ein junger Bursche war, und Musik hauptsächlich fürs Militär in Frage kam, wurde ich einmal von meinen Eltern beauftragt, einen Kuchen zu kaufen. Da trat die Versuchung an mich heran. Ich überlegte ernsthaft, ob ich das Geld, das ich zum Zwecke des Kuchenerwerbs erhalten hatte, zugunsten einer Komponistenkarriere in der Hauptstadt veruntreuen sollte. Das kulturelle Leben in der Hauptstadt war sehr unterentwickelt. Es war durchaus möglich, mit fahrlässig erzeugten Noten aus einer Pfeifmaschine ein berühmter Komponist zu werden. Der Wille dazu genügte. Mit unters Kinn geklemmtem Willen trat ich an. Gerade zogen ein paar Soldaten eine Pfeifmaschine vorbei. In eine solche konnten Kompositionen gepfiffen werden, die dann in Notenschrift ausgedruckt oder auf Wachsmatrizen gepreßt wurden. Kaum etwas anderes als Weihnachtsgrüße oder Geburtstagsständchen für Soldatenmütter kam je dabei heraus. Für das Kuchengeld hätten mich die

Soldaten nach Gutdünken in die Maschine pfeifen lassen. Ich hätte mich dabei völlig vergessen, allen Kummer
und Verdruß mit gespitzten Lippen dem Apparat über-
antworten können, bis mir die Luft weggeblieben wäre.
Ich hätte mich anschließend gefragt, wie meine Komposition wohl klingen mochte, denn beim Pfeifen hätte ich
überhaupt nicht zugehört. Die Soldaten errieten meine
Gedanken. Um mir die Versuchung zu ersparen, hauten
sie vorsichtshalber die Pfeifmaschine in Klump.«

Die Festgäste wiegten nachdenklich die Häupter und
spendeten reichlich Beifall für diese ebenso offenen wie
lehrreichen Worte. Als Zugabe blies Prof. Hartlaub dann
zu aller Zufriedenheit den konservatoriumseigenen Kon-
zertflügel auf.

Die Komponistin Müller-Reißwolf, deren Vornamen niemand kennt, stand im Ruf, Mozart vergiftet zu haben. Zeitlebens mußte sie gegen dieses absurde Vorurteil ankämpfen, wies auch immer wieder auf den großen Zeitabstand zwischen Mozarts Tod und ihrer Geburt hin. Es half nichts: die Masse ist dumm und glaubt lieber jeden Unsinn, statt sich auf Tatsachen einzulassen. Genauso hartnäckig hält sich noch heute das Gerücht, Müller-Reißwolf habe diverse Kompositionen Mozarts unterschlagen und sie als ihre eigenen Schöpfungen ausgegeben. Mitleid empfinden die meisten Menschen nur deshalb mit ihr, weil sie, so lange sie lebte, nicht ein einziges Bild verkauft hat.

Dieser Künstlerin, die immerhin unvergessene Opern wie »Die Vergiftung Mozarts durch Marat«, Liederzyklen wie »Eine Handvoll Flusen im Mund« oder Kantaten wie »Schlimmer als das liebe Vieh« geschaffen hat, ohne je den Kammerton A zu verwenden, widmet ihre Heimatstadt Wuppertal in diesen Tagen eine großangelegte Retrospektive. Zur Aufführung gelangen neben verkleinerten Lizenzausgaben ihrer Großwerke auch Rekonstruktionen verschollener oder lediglich eingebildeter Kompositionen. Absalom Süßmilch, der Initiator der Retrospektive und Dirigent des Müller-Reißwolf-Revival-Orchesters, verlangt dem von Sparmaßnahmen geschwächten Klangkörper das Äußerste ab. Zur Entspannung dürfen die Musiker allabendlich nach den Konzerten große Mengen Altglas mit Stöcken zerschlagen. Das hat ihre Gewerkschaft durchgesetzt, und man darf annehmen, daß es ganz im Sinne der gefeierten Komponistin ist.

Auch ein Müller-Reißwolf-Gedächtnis-Wett-Trinken im Foyer des Opernhauses ist geplant. Die Getränke können in einer Zeit leerer Kassen leider nicht gestellt werden. Ersatzweise soll Falschgeld mit dem Portrait der Künstlerin in Umlauf gebracht werden. Den Höhepunkt der Veranstaltungsreihe dürfte wohl das Herausreißen der schwarzen Tasten aus dem Manual der Barmer Domorgel bilden.

Vor der termingerecht auf den Markt geworfenen CD-Edition Müller-Reißwolfscher Werke muß allerdings gewarnt werden. Etlichen Käufern sollen beim Anhören der Einspielungen die Nasenhaare bis zu den Knöcheln gewachsen sein. Zu der längst überfälligen, jetzt endlich vorliegenden Biographie sei abschließend angemerkt: wenn es auch sehr interessant zu erfahren ist, daß Müller-Reißwolf durch den Gebrauch einer bestimmten Salbe zu ihrem künstlerischen Personalstil gefunden hat, erscheinen gewisse Spekulationen doch überflüssig. Etwa die, ob die Komponistin überhaupt in der Lage war, Musik von Schraubenschlüsseln zu unterscheiden.

Wer war Fraunstätter?

Erstmals in der uns bekannten Kunstgeschichte sollte eine Fraunstätter-Gesamtwerkschau gezeigt werden. Eine mutige Museumsdirektorin, die bereits durch die Ausrichtung kontroverser Ausstellungen wie »Mongolischmonströse Malerei des Müttergenesungswerks« und »Die rheinische Ikonoborzen-Renaissance« zu internationalem Ansehen gekommen war, gedachte auch dieses ganz besondere Spektakel in ihrem Hause durchzuführen. Ein Problem dabei war, daß niemand wußte, wer Fraunstätter war. Die Direktorin unternahm rein nichts, um es herauszufinden, war aber gleichzeitig wütend darüber, daß sie es nicht herausfand. Es wäre angebracht gewesen, Forschung zu treiben und dazu vom Automobil bis zum Mikrowellenherd jedes Mittel zu nutzen. Diese Aufgabe erschien ihr aber abschreckend schwierig und zeitraubend. Dazu kam noch folgendes: das Wissen über Fraunstätter war von jeher dermaßen unterdrückt worden, daß jeder, der den Versuch unternahm, Fraunstätters Identität zu bestimmen, geradezu ein nichtexistentes Ziel verfolgte. Offiziell bestand nicht die Bereitschaft, über dieses Thema Dissertationen zu schreiben und den Doktorgrad zu erwerben. Nicht einmal ein bis zwei kleine Tabellen lagen bislang vor. Fraunstätters Lebenswerk war noch immer überwiegend unbekannt und unverständlich, sogar für die mutige Museumsdirektorin. Schwierig gestaltete sich daher auch die Vorbereitung des Ausstellungskatalogs. Die Direktorin konzipierte ein hochambitioniertes Projekt von über 300 Seiten. Sie wollte nicht nur Fraunstätters Identität zweifelsfrei feststellen, sondern den Künstler auffinden, sein Vertrauen gewinnen und ihn überzeugen, daß seine Biographie geschrieben werden sollte. Zu diesem Zweck mußte sie die

Telephonbücher aller Städte und Landgebiete sowie die Personalakten des Heeres, der Handelsmarine und der Freiwilligen Feuerwehr überprüfen. Es war darüber hinaus noch erforderlich, Polizeiakten, Zeitungsarchive und Sterberegister zu sichten. Ihr Fleiß wurde belohnt, unter abenteuerlichen Umständen spürte sie Fraunstätter tatsächlich auf. Aus der Gesamtwerkschau wurde aber leider nichts, denn wie sich herausstellte, war Fraunstätter stark überschätzt worden. In seinem ganzen Leben hatte er lediglich einmal aus einem Harmonium eine Katzenleiter gebastelt.

Vom Schreiben im Verband

Schwer und unsicher ist der Stand der Schreibenden. Und einsam. Einsam wie keine anderen Künstler sonst sind die Schreibenden. Während zum Beispiel bildende Künstler laute Musik oder Rundfunk-Wortbeiträge hören, ja sich gar mit anderen Menschen unterhalten oder fernsehen können, sind die Schreibenden bei der Arbeit auf Stille, zumindest aber auf Ruhe angewiesen. Da ist verständlicherweise der Wunsch nach Gemeinschaft und sogenanntem Austausch (dessen Existenz und Möglichkeit die Kommunikationsforscher allerdings leugnen) außerhalb der anachoretischen Stunden am Schreibtisch bei den Schreibenden besonders groß. Öffentliche Lesungen sind die Folge, literarische Zirkel die Auswüchse. Sofort drängt sich die Erinnerung an die Gruppe 47 oder an E. T. A. Hoffmanns Serapionsbrüder auf. Man trägt einander das Geschriebene vor und macht sich gegenseitig zur Sau. Und könnte man nicht die Isolation gänzlich aufbrechen, indem man sogar gemeinsam schriebe? Es gibt doch berühmte und erfolgreiche Beispiele. Meist sind es Duos. In unserer Stadt aber findet sich jeden Freitagabend ein schreibendes Kollektiv zusammen, das jedes Duo rein zahlenmäßig in den Schatten stellt. Zwei Dichterinnen und zwei Dichter, Isabella, Melusine, Euthanasius und Thymian, treffen sich in der Wohnung ihres Gönners Zuckerbein, der selbst nicht schreibt, aber wertvolle Anregungen sowie süßen Wein und Christstollen beizusteuern weiß.

»Wenn das mit der Schreiberei mal nichts mehr ist«, sagt er, »dann treffen wir uns weiterhin und tauschen Sammelbilder.«

»Noch wird geschrieben«, bestimmt Thymian.

»Welches Thema?« fragt Isabella.

Der unparteiische Zuckerbein schlägt vor: »Auf dem Postamt.«

Es wird gemault: »Allerweltsthema«, »Schulaufsatz«, aber Zuckerbein verteidigt seinen Vorschlag:

»Macht da erst mal was draus! Ich hätte auch ›Arztroman‹ sagen können, da hätten alle gelacht. Aber wenn's dann konkret darangeht, einen zu schreiben, lacht keiner mehr. Also los: ›Auf dem Postamt‹. Ich höre.«

Euthanasius formuliert die Einleitung: »Heute gehen wir mal zum Postamt.«

»Gut, wird aufgeschrieben.«

Melusine macht weiter: »Mancher geht vielleicht dorthin, um Schalterbeamte zu ohrfeigen. Das ist unsere Art aber nicht.«

»Wir wollen lediglich ein Einschreiben aufgeben«, fügt Thymian hinzu. Euthanasius, der schon einmal einen Satirepreis gewonnen hat, kommt in Fahrt:

»Wie auf der Bank oder beim Fahrkartenkauf wählen wir instinktiv den Schalter, vor dem die garantiert längste und dauerhafteste Schlange steht, und welcher für unser Begehr gar nicht zuständig ist. Eines Tages, wenn wir bis zur Scheibe aus kugelsicherem Glas vorgerückt sein werden, wird uns der dahintersitzende Beamte an einen anderen Schalter verweisen, der dann geschlossen sein wird. Doch soweit sind wir noch lange nicht.«

»Eben«, sagt Isabella, »zuerst müssen wir mal eine Ortsbeschreibung liefern.«

»Ach, scheiß doch drauf«, wird geantwortet, »Postamt ist Postamt« und »Handlung! Charaktere!«

Isabella ist natürlich gekränkt. Sie steht auf und geht zum Fenster. Für den Rest des Abends bleibt sie da stehen, mit dem Rücken zu ihren Kollegen. Jetzt ist ihr endgültig klar, daß sie nur noch Lyrik schreiben wird. Den Anfang für einen hermetischen Roman hat sie schon im Kopf: »Irgendwann fiel für alle Zeiten der Strom aus. Siebzigtausend Jahre später ...«

»Also, wir betrachten das Geschehen am Schalter«, sagt Thymian.

Nacheinander und durcheinander äußern die verbliebenen Literaten ihre Vorstellungen.

»Der Postbeamte trägt eine Brille, die aussieht, als habe er sich zwei Kaleidoskop-Röhren vor die Augen gebunden.«

»Er trägt ein aufwendiges Hörgerät.«

»Aufgrund der großen Entfernung halten wir es zuerst für eine Baßtuba.«

»Bedient wird gerade eine Kundin im Rollstuhl.«

»Die hat auch so eine Brille auf.«

»Und so ein Hörgerät.«

»Der Rollstuhl zeichnet sich aus durch das Vorhandensein von Haupt- und Vorsegel.«

»Sowie Schiffsschraube und Anker.«

»Mittschiffs wird gemeutert.«

»Achtern geht ein Eimer Heringsschwänze über die Reling.«

Weit weg von dem Geplapper ihrer einfältigen Ex-Dichterfreunde formt sich in Isabellas Vorstellung ein Gedicht:

»Snöga smirz de fulmentar, rompe grampe fönken – erben Gen van achter schmolz. Wehmut ach?«

Das Schreibkollektiv schreitet zum Dialog zwischen der Kundin und dem Schalterbeamten. Thymian fuchtelt mit den Armen, er hat schon alles komplett parat: »Schnauze halten! Ich hab's! Paßt auf!

Kundin: ›Ich möchte bitte Sondermarken mit meiner Visage drauf.‹

Beamter: ›Möchten Sie nicht lieber Königin meines Landes werden?‹«

Melusine begehrt auf: »Was soll das denn für ein Dialog werden?«

»Klamotte«, bemerkt Euthanasius.

»Laßt mich«, keift Thymian, »hört weiter! Also –:

Kundin: ›Was hätte ich denn dann zu tun?‹ – Beamter bespannt Bottiche mit Schweinsblasen und sagt: ›Sie könnten den ganzen Tag mit einem Gummiband spielen, wenn Sie wollen. Wenn Sie nicht wollen, können Sie es seinlassen.‹ – Kundin: ›Dürfte ich auch Notizblöcke in Ihre Saiteninstrumente werfen?‹ – Beamter: ›Selbstverständlich.‹ – Kundin: ›Das klingt verlockend. Kleinlich sind Sie nicht, das muß ich schon sagen.‹«

Aufruhr. Alle bis auf Isabella fallen über Thymian her: »Aufhören! Das ist ja albern!« – »Willkürliche Absurditäten! Sinnlos!« – »An den Haaren herbeigezogen!«

»Macht's doch besser, ihr Idioten«, schreit Thymian. Melusine antwortet seelenruhig: »Machen wir auch. Also, das wird alles gestrichen.«

»Wehe!«

»Gestrichen sag ich. Es geht damit los, daß die Kundin zum Schalterbeamten sagt: ›Ich möchte für zehn Mark alte Wattfraß-Gedenkmarken und eine Flasche Parfum Marke Kaisergruft. Noch lieber aber möchte ich mit zwei, drei riesigen Ostereiern in einem Eimerchen leben.‹«

»Viel besser«, pflichtet Euthanasius ihr bei, »entschieden professioneller.«

Das findet Gastgeber Zuckerbein ebenfalls. Er kann Thymian davon abhalten, zu Isabella ans Fenster zu treten.

Melusine führt die Szene weiter aus: »Dann überreicht die Frau dem Postbeamten ein Eimerchen mit der Bitte, es seinen ausgestopften Ziegen zu opfern oder zumindest nachzusehen, ob schon zwei, drei riesige Ostereier drin sind und, wenn ja, ob sich mit ihnen leben läßt.«

»Toll«, kommentieren Zuckerbein und Euthanasius, »weiter so!«

»Der Beamte befühlt das Eimerchen und fragt: ›Wollen Sie nicht lieber Notizblöcke in meine Saiteninstrumente werfen, lieber Herr!‹«

O wie ereifert sich da Thymian: »Das ist doch im Prinzip genau so wie das, was ich vorhin gedichtet habe. Wieso ist das jetzt besser? Weil die da eine Frau ist? Wenn das gut ist, dann ist meine Szene auch gut!«

»Darf ich meinen Gedanken vielleicht zu Ende ausführen?« fragt Melusine. Gegen Thymians Protest wird ihr das zugestanden.

»Der Beamte hat gefragt: ›Wollen Sie nicht lieber Notizblöcke in meine Saiteninstrumente werfen, lieber Herr?‹
– Darauf die Kundin: ›Nein, geben Sie mir doch ein Ra-
diogeschäft als Belohnung.‹ – So, jetzt bin ich fertig.«

Noch bevor Thymian etwas äußern kann, weiß Euthanasius die Fortsetzung: »Dann segelt die Kundin wild
hupend davon und verschwindet in dem Briefschlitz mit
der Aufschrift ›Andere Orte‹.«

»Klamotte«, mault Thymian, Melusine ist auch nicht
einverstanden. Zuckerbein will die Eintracht unter den
Literaten wiederherstellen: »Ich denke, jetzt wäre ein
Absatz gut, dem eine Orts- und Situationsbeschreibung
folgt. Die Situation vor dem Schalter, nachdem die Frau
weggesegelt ist. Isabella! Ortsbeschreibung!«

Doch in Isabella macht es »grompen ranke donkel
Zagen«; sie hört nichts von Zuckerbeins Lockungen
(eine anagrammatische Veränderung der letzten beiden
Worte ergäbe »Lockerbeins Zuckungen«, doch das nur
ganz am Rande). Weiter geht's. Euthanasius schlägt vor:
»Es wird aufgerückt.«

Diesmal will's Thymian den anderen zeigen und gibt
sich weltgeistmäßig episch: »Zelte und Baumbuden werden von flinken, geschickten Händen im Nu zerlegt und
einen Schritt weiter wiedererrichtet. Neue Generationen
von Postkunden werden geboren, die Ältesten in der
Schlange sterben und werden zum Dörren in gelbe Falt-
pakete gepackt.«

In diese erhabene Vision hinein platzt Melusine mit der
Wendung: »Zuletzt aber werden wir alle fortgeschickt,
weil die Bundesregierung im Zuge dringender Sparmaßnahmen sämtliche Postämter schließt und an den Irak
verkauft. Wir streben in Keilformation dem Ausgang
entgegen.«

»Der Beamte mit der Kaleidoskopbrille und dem auf-
fälligen Hörgerät steht schon dort«, diktiert Thymian,
denn er mag nicht ohne Not so eine dankbare Figur aufgeben, »er segnet uns, schenkt sogar jedem von uns ein
wenig Post aus den Schließfächern.«

Die Idee des Abends kommt sodann von Euthanasius: »Er spricht: ›Nehmt hin diese getauften Hausschuhe.‹«

Alle außer Isabella klatschen Beifall. Wenn es einen Funken der kollektiven Inspiration gibt, dann hat er jetzt und hier gezündet. Es ist wie in der biblischen Pfingstgeschichte. Mit leuchtenden Augen fährt Melusine fort: »Und er verspricht uns: ›Nächstes Mal üben wir stabile Seitenlage und unbefleckte Empfängnis.‹«

»Wir verlassen das Postamt«, spricht Euthanasius mit geschlossenen Augen. Unisono und ohne vorherige Absprache artikulieren Melusine und Thymian, was alle (außer Isabella) vor ihrem geistigen Auge sehen: »Unser Einschreiben stecken wir in den Gully. Wir haben ja jetzt getaufte Hausschuhe.«

Ein guter Schluß, wie alle (außer Isabella) finden. Es ist also möglich, die Einsamkeit zu überwinden und im Team zu schreiben. Demnächst soll ein ganzer Ritterroman auf diese Weise entstehen, geloben sie sich.

Die Dichter fahnden bereits nach einem Namen für ihre hoffnungsvolle Schreibgemeinschaft, da macht Zuckerbein, der täppische Nichtliterat, eine ganz überflüssige, aber äußerst folgenschwere Bemerkung:

»Ich wüßte doch gar zu gern, wie die getauften Hausschuhe wohl heißen mögen.«

Darüber kann ihm aber nicht einstimmig Auskunft gegeben werden. Ungezählte Namenspaare werden vorgebracht, und alle lösen unter den Beteiligten heftigsten Widerspruch aus. Statt ihre Kräfte weiterhin zur Findung eines würdigen Titels für ihr Kollektiv zu vereinen, verfeinden sich die Poeten in der Hausschuhfrage aufs garstigste. Das hat Zuckerbein wahrlich nicht gewollt, doch er hat keinen Einfluß mehr auf das, was er da fahrlässig ausgelöst hat. Es wird gebrüllt, gebogen und geborsten, Isabella reißt sogar den Estrich auf.

Das Team zerbricht total und irreparabel, daran ändert auch Dr. Drahtvaters Spezialkleber für zerbrochene Teams nichts mehr.

Die Galoschen des Yeti

Die Oper »Die Galoschen des Yeti« stellt den glanzvollen Schlußpunkt im Schaffen der Komponistin Oberste-Katzenrath dar. Daß danach nichts mehr kommen konnte, ahnt der Zuhörer bereits bei der Ouvertüre. Der erste Akt zeigt eine Weinprobe im Himalaja, wo der Yeti die Pinschergirls beobachtet, wie sie einen Sprengsatz an seinen Galoschen anbringen. Sie handeln im Auftrag eines morphiumsüchtigen Archäologen, der sich dem Wahn hingibt, der Yeti wolle ihn mit seinen Galoschen im Schlaf erschlagen.

Handlungsort des zweiten Aktes ist die Villa des Archäologen. Einer ausgedehnten Stretta des Dalai-Lama folgt eine kurze Steptanz-Einlage des Yeti. In der Pause bricht ein Feuer im Kulturbeutel der Harfenistin aus. Nach der Pause reisen die Pinschergirls mit dem Dalai-Lama in die Schweiz und stellen fest, daß er nicht echt ist. Archäologe und Yeti fallen immer um, das Finale bricht unvollendet ab. Als Zugabe bekommen alle einen Gipsabdruck von der Ouvertüre.

Das Vernichten der Dokumente

An einem Nachmittag im Spätherbst sind zwei Maler, Gustav und Fraunstätter, auf dem Weg zu einer Freundin, in deren kleinem Ofen sie Dokumente verbrennen wollen. Unterwegs sprechen sie natürlich über die Kunst. Fraunstätter, der jüngere, klagt dem Kollegen sein Leid:

»Ach Gustav, es ist ja so schwer mit der Kunst. Wie soll unsereins noch einen originellen Beitrag zur Kunsthistorie beisteuern, wo es doch so gut wie alles schon gibt! Ich habe lange hin und her überlegt, aber letztlich alles verworfen.«

Gustav bleibt stehen. Er hält Fraunstätter wortlos ein Fläschchen hin, das jener gern nimmt und leertrinkt. Sie gehen weiter. Im Nebel des Nervengiftes läßt sich Fraunstätter dann weiter aus. Er spricht von seiner Erkenntnis, daß alles Quatsch sei, womit er sich so angestrengt beschäftige. Gustav spitzt die Lippen und wackelt mit dem Kopf. Auch er hat Probleme, zum Beispiel legt seine Frau überall in der Wohnung Süßigkeiten aus, denen er nicht widerstehen kann. Fraunstätters Stimme hat zu zittern begonnen:

»Seit Knabentagen gelüstete es mich kürzlich erstmals wieder, Laubsägearbeiten auszuführen. Möglicherweise hätte ich damit noch eine Nische füllen können. Doch wehe, wehe, mein einziges Sägeblatt riß gleich beim ersten Streich.«

Weil er nicht weiß, was er dazu sagen soll, schweigt Gustav. Als Jugendlicher hat er ein Gotteserlebnis im Harz gehabt. Er denkt an seine eigene künstlerische Entwicklung, während Fraunstätter weitergreint. Seit seiner letzten Radierung, auf der ein Mann zu sehen ist, welcher den Griff einer Teigrolle (Nudelholz) in den Mund gesteckt hat, ist er selbst neugierig, wie es weitergehen wird. Einzig die Süßigkeiten bereiten ihm Sorge. Indessen lamentiert Fraunstätter:

»Ja, was habe ich nicht alles in Angriff genommen: mißratene Kinder in Acryl, alte Damen in Bleistift, humorige Federzeichnungen von Königen, des Nachts sogar abstrakte Hähne und Gliederpuppen – alles Mist, alles von anderen schon längst viel besser gemacht! Während der letzten Tage habe ich mit kalten, aber feuchten Füßen das Bett gehütet, so hat mir der Kopf geschwirrt. Es ist ein Kreuz mit der Kunst.«

Nachdem Fraunstätter also gesprochen hat, erwidert Gustav:

»Ach, was weißt denn du von Kunst!«

Fraunstätter sagt nichts mehr, sondern beißt sich auf die Unterlippe.

Schweigend überqueren die Maler einen Platz mit etwas undeutlichen Gebäuden, vor denen einige Kinder-Tretroller herumliegen. Gleich um die Ecke wohnt die Freundin, deren kleiner Ofen, wie wir uns erinnern, das Ziel der Künstler ist.

Die vielen Kinderwagen, Fahrräder, Zementsäcke, Schränke und Bierkästen im Treppenhaus lassen es erstaunlich wirken, daß auch noch die Treppe Platz findet. Neben den Briefkästen steht in forscher Kreideschrift an der Wand: »Ich bin gegen Wäsche im Briefkasten!« Auf jeder Etage türmen sich Briefe und Postwurfsendungen. Die Freundin wohnt ganz oben, wohin nur ganz Entschlossene gelangen. Die Wohnungstür ist ausgehängt, und die Besitzerin des kleinen Ofens arbeitet in ihrer Küche an etwas, das aussieht wie eine ausgestopfte Kuh: ihr Alterswerk.

Nach der förmlichen Begrüßung inclusive Umarmung sagt Gustav:

»Wir sind gekommen, um Dokumente zu vernichten. Brennt das Feuer in deinem kleinen Ofen?«

»Es brennt«, antwortet die Frau, woraufhin Gustav seinen Kollegen auffordert, ihm zum Ofen zu folgen. Während sie aber die Dokumente vor dem Verbrennen sortieren, geraten sie in Streit um den rechten Glauben, und Fraunstätter will den kleinen Ofen aus dem Fenster werfen. Von nebenan fragt die Freundin:

»Vernichtet ihr auch schön die Dokumente?«

Fraunstätter und Gustav wälzen sich in Form eines haßerfüllten Knäuels kreischend am Fußboden.

»Kommt bitte her!« ruft die Freundin.

Und als die beiden mit zerrauften Frisuren vor ihr stehen, droht sie ihnen:

»Wenn ihr euch nicht vertragen könnt, dürft ihr keine Dokumente mehr in meinem kleinen Ofen verbrennen.«

»Dann wollen wir auch nicht mehr leben«, rufen die Maler wie aus einem Munde.

Dies geht der gestrengen Freundin aber zu Herzen! Auf der Stelle bereut sie ihre harten Worte.

»Vergebt mir!« ruft sie, die Maler an ihre Brust drükkend.

Und dann sitzen sie alle drei vor dem kleinen Ofen. Mit dem Widerschein der Glut auf ihren Gesichtern stecken sie lachend die Dokumente Blatt für Blatt ins Feuer.

Reisen und Daheimbleiben

Wie ich einmal per Expreß reiste

Von fünf Fahrkartenschaltern am Bahnhof war einer geöffnet, die Schlange davor reichte bis ins Stadtzentrum. Ich suchte die Expreßabfertigung auf. Dort mußte ich nicht nur ein dickes Formular ausfüllen, sondern auch einen stattlichen Betrag zahlen. Trotzdem war ich nur bis zur Höhe von DM 500,– versichert. Zwei verbraucht wirkende jüngere Damen mit Brillen nähten mich in ein Seehundfell ein, ein an Gilgamesch erinnernder, kitteltragender Angestellter wurde angewiesen, das so entstandene Bündel in die Expreßkanone zu stecken.

»Hoffentlich schmeißen sie mich nicht in ein Wasserloch«, dachte ich im Dunkel meiner Verpackung. Dann begann die Reise mit einem grauenvollen Schnauben in allen Ecken. Es war eine sehr geschwinde, aber furchtbar unbequeme Art der Beförderung. Am Zielbahnhof wurde ich bretthart gefroren in Empfang genommen. Ich fürchtete, ungeschickte Hände könnten das Seehundfell mit ungebärdigen Bewegungen aufbrechen und mir dabei den Kopf vom Rumpf trennen. Mein Briefträger würde dann meine Überreste gemeinsam mit meiner Post in den grauen Kasten am Ende der Straße schließen. Doch das Fell wurde sacht geöffnet und ich in einen Korbkasten gelegt. Nach und nach taute ich auf. Die Reise selbst hatte nur einige Sekunden gedauert, Auftauen und Trocknen nahmen mehrere Stunden in Anspruch. »Nie wieder Expreß«, schwor ich mir.

Der pneumatische Tippfehler

Frau und Herr Füf verlassen ihr Segelschiff und gehen an Land. Sie mit einer Luftpumpe, er mit Schreibmaschine. Während Herr Füf am Strand bleibt, um auftragsgemäß die Geschichte der Seefahrt zu tippen, dringt seine Frau mit der Luftpumpe ins Landesinnere vor und pumpt unterwegs dies und das auf. Bald erreicht sie ein Dorf, an dessen Eingang sie auf das Empfangskomitee trifft: lauter verwegene Gestalten mit sonnengebleichten Gesichtern und handschuhähnlichen Mützen. Sie bilden aus Knotenstöcken und Schrotflinten ein Spalier, das Frau Füf demütig durchschreitet. Den Bürgermeister des Dorfes findet sie auf dem Totenbett, kann ihm aber mit der Luftpumpe helfen. Auch pumpt sie eine Sängerin auf, der die Luft ausgegangen und deren Stern deshalb im Sinken ist.

Herr Füf hat sich inzwischen schwer vertippt, und das Segelschiff ist explodiert. Er nimmt die Schreibmaschine samt Tippfehler unter den Arm und macht sich auf die Suche nach seiner Frau; allerlei Aufgeblasenes weist ihm den Weg. So gelangt Herr Füf zwangsläufig zu besagtem Dorf. Zunächst begibt er sich in die Kirche und betrachtet am Altar nachdenklich eine in einem Glaskasten aufgebahrte weichgestopfte Puppe mit Vinylkopf. Frau Füf tritt hinzu und möchte die Puppe aufblasen, wird aber von ihrem Ehemann daran gehindert. Dann zeigt er ihr den schweren Tippfehler. Den pumpt sie sogleich auf, wodurch aber nichts besser wird. Im Gegenteil: Leute mit so einem großen Tippfehler sind in dem Dorf nicht erwünscht. Der Bürgermeister und das Empfangskomitee werfen die Fremden hinaus.

Irgendwo im Hintergrund klagt die Opernsängerin schon wieder über Luftverlust. Füfs erkennen, daß es daheim am besten ist, doch ohne Schiff können sie nicht heimkehren. Durch einen günstigen Zufall begegnen sie ein paar Zwergen, die sich überreden lassen, das Ehepaar auf einem Floß voller Langspielplatten mitzunehmen. Als Fahrpreis verlangen die gierigen Zwerge Luftpumpe und Schreibmaschine, allerdings ohne den Tippfehler. Auf See malen sich Herr und Frau Füf den Ärger mit ihren Auftraggebern aus, wenn sie ohne Schiff, Luftpumpe und Schreibmaschine zurückkehren und statt der Geschichte der Seefahrt lediglich einen aufgeblasenen Tippfehler mitbringen werden. Zu allem Überfluß sinkt das Floß, da ist es ein Glück für alle, einen unsinkbaren, aufgepumpten Tippfehler dabeizuhaben.

Überfahrt

Es mußte ein Boot genommen werden, anders war die Stadt nicht zu erreichen. Am Kai warteten acht Passagiere. Einer sägte Holz mit einer ambulanten Kreissäge. Die Überfahrt kostete fünfzehn Rupien, die Benutzung einer eingebauten Schlafsitzvorrichtung war extra zu bezahlen. Weibliche wie männliche Fahrgäste wurden mit Haken an die Stangen der Gepäcknetze gehängt. Einige Schnüre wurden durch ihre Ärmel gezogen und etliche Ruder auf ihre Rücken geschnallt. Hände und Füße blieben frei für die eventuelle Anfertigung eines Rettungsfloßes. Plakate an den Boots-Innenwänden warnten davor, Schiffskatastrophen auszulösen oder sich brennende Kerzen in die Münder zu stecken. Weil er die Hände frei hatte, sägte erwähnter Fahrgast weiterhin sein Holz. Zu seiner Rechtfertigung redete er eine Menge Unfug zusammen und steckte sich schließlich eine brennende Kerze in den Mund. Eine Schiffskatastrophe konnte nur verhindert werden, indem er samt seiner verdammten Kreissäge über Bord geworfen wurde.

Wie ich einmal mit dem Taxi fuhr

Ich mußte allein fahren, denn die Fahrerin, die ausgestiegen war, um sich Badehose und Handtuch zu leihen, bekam ihre Tür nicht mehr rechtzeitig auf. Das Bordradio lachte krachend. Eine unsichtbare Bugwelle erzeugend, durchstieß der Wagen das Luftgemisch auf der Straße. Ich drehte mich um. Durch das Rückfenster sah ich die Fahrerin immer kleiner und unschärfer werden, bis sie gar nicht mehr zu gebrauchen war. Das Geschehen war bald vernarbt, und die Stadtfahrt endete. Mit weitausholender Geste hielt das Taxi. Der Motor schlotterte im Stehen.

»Macht Ihnen das Leben Spaß?« fragte das Bordradio. »Wie fühlt sich das Leben für Sie an? Sie fühlen sich doch lebendig?«

Ohne zu antworten, bezahlte ich und stieg aus. Das Taxi entfernte sich mit unbeholfenen, plumpen Bewegungen.

Reise in die Kolonie

Von meinem letzten Geld hatte ich mir zwei echte deutsche Kolonial-Herrenhemden aus dem idealen Wäsche-
stoff »Byssus« gekauft, eins in weiß, eins in bunt. Danach
war ich mittellos und wußte nicht, wie ich in die Kolonie
gelangen sollte. Zu meinem Glück waren wieder Spezial-
einheiten von Tapetenablösern in eigener Sache unterwegs. Von einer Hundertschaft solcher sich auf einem
Leiterwagen in ungebundener Weise belustigender Fach-
leute ließ ich mich mitnehmen. Sie waren unterwegs
zu den Gemüsehändler-Fortbewegungs-Wettkämpfen in
Toronto, da lag die Kolonie praktisch am Weg.

Der Urlaub

Eines Tages ist er da: der Urlaub, die unausweichliche Provokation, das selbstverschuldete Elend, das mich Unsummen Geldes, unwiederbringliche Zeit und so viel von meiner ohnehin geringen Kraft kostet. Vom Alltagsleben, wo man sich immerhin alles einigermaßen eingerichtet und zurechtgelegt hat, unterscheidet sich dieser selbstquälerische Ausnahmezustand vor allem durch die den ganzen Tag in Anspruch nehmende Sorge um Ernährung und sonstige Notdurft. Und: Werde ich heil zurückkehren? Nie und nimmer wird die Unterwäsche ausreichen, was einen entsprechenden Panikkauf zur Folge hat. Ein Vermögen gebe ich aus für Unterhosen, die am Ende doch alle zu klein sind.

Am Ziel einer martervollen und fast endlosen Fahrt erweist sich, daß die teure Unterkunft noch um einiges entwürdigender ist als befürchtet. Es ist ein ganz offensichtlich selbsterrichtetes Gebäude, von einem ebenso entschlossenen wie von Herzen unbegabten Laien aus heterogensten Elementen zusammengehauen, was auch für die Möblierung gilt. Das Ambiente entzieht sich der Wiedergabe durch Worte, für eine bildhafte Beschreibung reicht keine der heute bekannten Sprachen aus. Wir lernen den Baumeister, den Ehemann der Pensionswirtin, nur inoffiziell kennen; allnächtlich kehrt er randalierend aus dem Wirtshaus heim und wünscht seine Frau zu erschlagen. Die läßt ihn aber gar nicht ins Haus. Am nächsten Morgen bringt sie uns stets freundlich das Frühstück, ohne jemals ihren Gatten zu erwähnen. Wir sehen ihn auch nie tagsüber, seine aktive Zeit ist die Nacht.

Ein diagnoseresistenter, empfindlicher Schmerz im linken Arm, der mich fortan am Einnehmen der angeborenen Schlafposition hindert und nie wieder vergeht, ist bereits am zweiten Morgen zu beklagen. Am dritten Morgen reisen wir ab. Wir sind sehr behutsam mit dem Urlaubsort umgegangen und haben nach Möglichkeit nichts angefaßt.

Reise auf die Anhöhe

Ich saß auf dem Beifahrersitz. Frei war mein Blick, beschwingt meine Gedanken und Gefühle. Überall sprießten mir neue Zweige und Blätter einer barocken Lebensfülle. Bei einer großen Tankstelle hielt meine Wohltäterin, die Fahrerin, an und kaufte Süßigkeiten. Je mehr wir davon aßen, desto schneller fuhr der Wagen. Links und rechts von der Straße Kohlehalden, die Straße selbst mit Briketts gepflastert, alle Häuser und Hydranten verrußt bis auf die Knochen der Steine. Die Krümmung der Erdoberfläche war deutlich sichtbar. Der Wind wehte schwach bis variabel, eines einzigen Autoscheinwerfers Licht konnte ihn ruinieren. Ich aß noch etwas von den Süßigkeiten, gutmütig fütterte ich damit auch den Wind. Der Weg lag wie ein dunkler, schlaffer Ballon vor uns. Vielleicht saßen Elche in den Bäumen und beobachteten den fließenden Verkehr? Die Blechschilder am Wegrand verneinten dies:
»Hier gibt es keine Bäume!«

Immer weiter bergan polterte der Wagen, in dieser Höhe gab es nicht einmal mehr Schilder.

Vom Kraftfahrzeugführen

Am Montag gab mir die Frau etwas Geld und schickte mich zum Kuchenkaufen in die Stadt. Wäre ich des Autofahrens fähig gewesen, hätte ich ihr Kraftfahrzeug benutzen können. Sie hatte mir bereits die Schlüssel ausgehändigt. Als ich hinter dem Steuer saß und nicht wußte, wie die Maschine zu bedienen war, erklärte ich keck: »Indem ich meditativ eins werde mit dem Auto, kann ich fahren. Auf der Schnellstraße bin ich meiner Sache dann schon so sicher, daß ich auf dem Rücksitz Pullover waschen kann. Auch ein Looping gelingt mir, ganz nebenbei steige ich in die Schädlingsbekämpfung ein.«

Noch im selben Moment war ich die Schlüssel wieder los.

Wie ich noch einmal mit dem Taxi fuhr

Wie freute sich der Fahrer über die Aussicht auf eine Fahrt von fünfzig Kilometern. Dafür unterließ er sogar das Rauchen und stellte die Pinkelmusik ab. Allerdings ließ er es sich nicht nehmen, die gesamte Strecke im Rückwärtsgang zurückzulegen. Das strengte ihn sehr an. Er ermüdete, sein Nacken schmerzte. Deshalb mußten etliche Pausen gemacht werden. Der Fahrer trank Unmengen Kaffee, zum Glück auf eigene Rechnung. Weil es nicht mehr anders ging, ließ er sich von einem Tankwart Nacken und Schultern massieren. Die Fahrt dauerte sehr lange. Als wir endlich ankamen, war die Straße, in der ich wohnte, von Gras bedeckt. Mein Briefkasten war bis zur Fahrbahnmitte gewachsen. Es war keine Post darin.

Auf der Dampflok

Uns wird die seltene Gnade zuteil, auf einer Dampfloko-
motive mitfahren zu dürfen. Wohlgemut klettern wir ins
Führerhaus. Während die Lokomotive dann durch nächt-
liches Schneegestöber rast, räkeln sich betörende Schaff-
nerinnen vor dem prasselnden Feuer, das den Kessel
heizt. So ähnlich muß es im Zelt des Dschinghis-Khan
gewesen sein. Extra für uns singen Lokführer und Heizer
ein altes indogermanisches Lied mit leicht schlüpfrigem
Kehrreim. Nach dem Absingen der letzten Strophe werden kleine Pillen verteilt, und wir fahren prächtig gelaunt
im ganzen Land herum, bis die Kohlen alle sind.

Ein Abendspaziergang

Nichts hielt mich im Haus. Die Frau war, meine tiefe Abneigung gegen Ortsveränderungen respektierend und mich wunschgemäß am Ort meines Lebensabends meinen Betrachtungen und Verrichtungen überlassend, nach Afrika (oder war es Indien?) gereist. Der Kater hatte es vor Langeweile nicht bei mir ausgehalten. Er ging aushäusigen Aktivitäten nach, die nie bis ins Detail geklärt werden können. So legte ich denn Ausgehgarderobe an und verließ meine Heimstatt.

Unser Viertel besitzt eine Kneipe, die seit 1967 garantiert unverändert geblieben ist: »Susi & Bier« heißt sie. Mein Abendspaziergang endete dort. Zu meinem Schrecken schien man in dem Lokal das Unheil anziehen zu wollen: Dutzende von Regenschirmen waren im geschlossenen Raum über den Köpfen der erwartungsvoll wirkenden Gäste aufgespannt – am liebsten wäre ich hinausgerannt! Doch es war nichts mit hinausrennen, denn im nächsten Augenblick fuhr der Schankraum mit allen Insassen davon. Mir schien, wir erhoben uns in die Luft. Es war eine der berühmten »Susi & Bier«-Reisen, von denen ich schon so viel gehört hatte. Nun nahm ich also an einer teil, ich, der ich Ortsveränderungen so verabscheue.

»Wohin geht's denn?« fragte ich meinen Nebenmann, der mir freundlich angeboten hatte, seinen Schirm mit ihm zu teilen.

»In die Steiermark, zum Mammut.«

»Wann sind wir wieder zurück?« wollte ich wissen. Spätestens um sieben Uhr am Morgen wollte der Kater gefüttert sein.

»Gegen sechs«, sagte der Nebenmann. Relativ interessiert hörte ich mir seinen Bericht an, demzufolge wir unterwegs zu einem Mammut waren, das aufgetaut werden sollte, um mal zu sehen, was passieren würde. Mir war etwas blümerant zumute – hoffentlich stürzte der Schankraum nicht ab, und hoffentlich gab es mit dem Mammut keine Scherereien. Was, wenn etwas schiefginge und ich gar Todes verbliche!? Der irgendwann heimkehrenden Frau und dem Kater gegenüber war ich zum Weiterleben verpflichtet. Meine Mitreisenden lachten mich aus, bis jetzt waren sie jedesmal wieder heil zurückgekommen, sogar aus Bagdad. Nach und nach wurde ich kecker, und einmal auf den Geschmack gekommen, versuchte ich, die Bande zu einem Umweg über den Gardasee zu überreden.

»Nichts da«, hieß es einstimmig, »zum Mammut wollen wir.« Schon ließ sich die Stimme des Wirtes vernehmen:

»Wir sind da!«

Welch Gackern, Kichern, Meckern beim Aussteigen! Mit geschlossenen Augen ließ sich die Landung von Noahs Arche nach der Sintflut imaginieren. Wir stolperten hinaus in den kniehohen Schnee. Ich war als einziger nicht winterfest gekleidet, wie mir schmerzlich bewußt wurde. Mußte ich jetzt im Schankraum bleiben und Gläser spülen, bis die anderen zurückkamen? Ach, woher! Zwei Kellnerinnen wickelten mich in eine wohlriechende Decke, zogen mir eine Strickmütze über die Ohren und trugen mich zum Mammut. Unterwegs wurde Beerenwein getrunken und schrill geschrien. Einmal entfiel ich meinen Trägerinnen und rollte einen Hang hinab. Hilflos, mit dem Mund voller Schnee, blieb ich liegen, bis sie mich lachend aufhoben und weitertrugen. Noch nie war ich vergleichbar bequem gereist, wenn ich von meiner frühen Kindheit einmal absehe. So hätte meine Frau mich sehen sollen! Photographieren war leider streng verboten. Das wäre eine Aufnahme geworden! Dutzende von winterlich gekleideten Leuten bei Nacht im Schnee mit aufgespannten Regenschirmen und einem länglichen Bündel, aus dem ein menschliches

Gesicht schaute. »Da, das bin ich«, hätte ich später sagen können und dabei mit dem Finger auf die entsprechende Stelle getippt.

Endlich hatte unsere Reisegesellschaft eine Schlucht erreicht, in der gigantische Eiswürfel übereinander lagen. In einem dieser glasklaren Eisklötze steckte das Mammut wie ein Insekt in einem Stück Bernstein. Die »Susi & Bier«-Reisenden gingen staunend um den riesigen Einschluß herum. Ich wurde abgesetzt und mußte allein laufen, denn den Kellnerinnen taten die Arme weh. Rings um das Mammut war der Schnee von den vielen Leuten schon festgetrampelt. Ich schaute empor und staunte: welch ungeheures Tier war das! Und diese unpraktischen gedrehten Stoßzähne!

»Wir wollen es jetzt auftauen«, hörte ich den Wirt rufen. Da war ich aber gespannt. Wie wollten die denn dies dicke Eis schmelzen? Und das riesige Tier, das zweifellos tot war und Tonnen wog, würde es, seiner stützenden Eishülle beraubt, nicht auf uns fallen? Mein Nebenmann meinte schulterzuckend, das sei nur empirisch feststellbar.

Das Auftauen, oder vielmehr der Versuch des Auftauens wurde ohne erkennbares Konzept, ja: völlig dilettantisch betrieben. Verschiedenes wurde aufs Geratewohl durchprobiert. Als erste trat eine der Kellnerinen vor, um aus der Erinnerung mehr schlecht als recht die Merseburger Zaubersprüche herzusagen. Dadurch geriet lediglich sie selbst ins Schwitzen.

»Jetzt ich!« rief ein anderer Teilnehmer, versuchte etwas und versagte. So ging es immer weiter.

»Beeilt euch«, rief ich und deutete nervös auf meine Armbanduhr.

Niemand brachte das Eis zum Schmelzen, auch der Wirt nicht, der sich das so leicht vorgestellt hatte. Da hatte man wohl etwas zu hoch gegriffen. Einige brachen vor Enttäuschung in Tränen aus. Mir war es recht, daß der Rückweg angetreten wurde. Mit großem Hallo und noch mehr Beerenwein ging es zurück zum gut geheizten Schankraum. Aber wie ich mich darauf freute, wieder fest in meine Decke gewickelt durch die Winternacht getragen zu werden, wurde ich schwer enttäuscht: es fand sich kein Träger. Von Fußspur zu Fußspur hüpfend folgte ich den anderen und erreichte durchnäßt und halb erfroren den Schankraum, der unverzüglich abfuhr. Während der Rückreise sprach ich mit niemandem. Sie hatten mich nicht tragen wollen, am Ende wären sie gar ohne mich aufgebrochen. Was wäre dann aus mir geworden? Dieses Etablissement war in Zukunft zu boykottieren, trinken konnte ich auch zu Hause. Oh, ich lag voller Ingrimm auf den harten Rippen des altertümlichen Heizkörpers. Bis um sechs hatte ich mich wieder erholt, da klappten alle ihre Regenschirme zu, und wir traten hinaus in unser schönes Stadtviertel.

Dienstagmorgen

An einem Dienstagmorgen brauchte Otis Morgenthau nicht zur Arbeit. Weil der Chef seine Witwe verbrannte oder etwas ähnliches feierte, blieb die Firma geschlossen. Otis war Angestellter bei einer Hausschuhfirma in Bangladesh. Jeden Morgen flog er die soundsoviel tausend Kilometer hin, jeden Nachmittag zurück. Der weite Weg störte ihn nicht, darüberhinaus behagte ihm die leichte Büroarbeit. In seiner Abteilung fühlte er sich ausgesprochen wohl. Das lag nicht zuletzt an seinen Kollegen, die ebenfalls täglich zwischen ihrem deutschen Wohnsitz und dem asiatischen Arbeitsplatz hin- und herpendelten. Sie scherzten, tranken Tee, taten den Hausschuhweberinnen schön und beantragten hin und wieder neue Aktenschränke. Während der Bürostunden trugen sie die Erzeugnisse der Firma an den Füßen.

Otis überlegte, was er mit diesem freien Tag anfangen wollte. Was blieb ihm, als sich von dicken, lauten Fliegen durch die Zimmer jagen zu lassen?

Tagesbeginn   (2)

Ein Eilpaket wurde abgegeben. Nach Wochen endlich
wieder Post! Ich hatte bereits geargwöhnt, der Briefträger schließe alle an mich adressierte Post in einen grauen
Kasten am Ende der Straße. Mit wäßrigen Augen, die sich
versandet anfühlten, öffnete ich das Paket. Mühsam erkannte ich den Inhalt: es waren orthopädische Locken-
wickler und die Schallplatte »Hilfe bei erbrochenem Haar«
vom Internationalen Frisurenbegleiter. Das hatte ich nicht
bestellt.

Wie wir wider den ungeläuterten Heinz zogen

Nichts vermochte uns daran zu hindern, wacklige, totem-artige Objekte aus Stöcken, Bindfäden und Federn auf-zustellen, die nur mühsam stehenblieben. Mit der in uns träumenden Metaphysik (leuchtende Handflächen) streif-ten wir im Garten der Gamelanstadt Basel umher wie Wurstgoten samt Katzen in Puppenkleidern. Die Fell-zeichnungen der Katzen veränderten sich gleich lebenden Schriften. Wohl verstanden wir die Botschaften der Pig-mente! Der mysteriöse Pelzduktus kündete uns von den Untaten des ungeläuterten Heinz. Dieser war unser Haupt-widersacher, der mit wüster Schnauze unsere Jagdgründe verheerte. Rache! Wehe dem ungeläuterten Heinz! Ich schmückte die Innenseiten unserer Zeltwände mit Rei-terszenen und Kampfbildern. Wie der Pamelot der Sage brachte ich die Wurstgoten mit meinen Buntstiften in Rage, die Katzen schlugen eine Viertelstunde lang mit auffal-lend großen Pupillen Purzelbäume.

»Gnädig sei uns der Kleiderhecht!« riefen wir schließ-lich und ließen fahren alle Weltangst.

So rückten wir aus, kratzend und kreischend kamen wir an Land. Und siehe, es gelang uns, den ungeläuter-ten Heinz im Handstreich gefangenzunehmen. Auf einem riesigen Kohlenhaufen sollte ihm der Prozeß gemacht werden, jedoch sein kleiner Bruder starb vor Aufregung an Leukämie, und wir wurden zum Abendessen geru-fen. Im daraus resultierenden Durcheinander konnte der ungeläuterte Heinz über eine Mauer entkommen.

Abend mit Phänomen

Spät abends, als die Kreissägen der Eingeborenen schwiegen und uns war, als trügen wir am ganzen Körper Rüssel und Ohren, standen wir im Bad, melancholisch die Brandung der Wasserspülung betrachtend. Wie so oft in Geschichten tauchte ein stark leuchtendes UFO auf, das die Form eines nassen Waschlappens hatte. Die Polizei stellte fest, daß es tatsächlich ein nasser Waschlappen war. Wieder einmal war eine natürliche Erklärung gefunden worden.

Der fatale Himmelskörper

An Bord der Eurorakete Hannelore, die mit Kriegsver-
brecher-Akten unterwegs zum Jupiter ist, arbeiten alle
Instrumente störungsfrei, und die Besatzung von zwei
Mann ist wohlauf. Die Raumfahrer entblöden sich nicht,
im Volkston zu singen: »Ja, die Raumfahrt, die ist lustig,
ja, die Raumfahrt, die ist schön!« In vollen Zügen genießen sie die Schwerelosigkeit und können sich nicht
genug darüber wundern, wie es die armen Menschen
früherer Epochen nur ohne Raumfahrt ausgehalten
haben.

Zur Mittagszeit, gerade als sie sich dem Genuß von
Schweineschnitzel-Tabletten und Trockenbier ergeben
wollen, machen sie eine unerhörte Entdeckung.

»Mensch, guck mal aus dem Fenster, Bruder Raumfahrer!«

»Ich werd verrückt! Sowas gibt's doch nicht!«

»Anscheinend doch.«

»Wir müssen sofort zurück zur Erde. Das müssen wir
dem Leiter der Raumfahrtbehörde berichten.«

Und die beiden Astronauten berichten nach ihrer Landung dem Leiter der Raumfahrtbehörde von einem ein-
zigartigen galaktischen Phänomen. Bei ihrer Berufsehre
schwören sie, auf der Oberfläche eines bestimmten Planeten deutlich die Umrisse zweier Fahrräder erkannt zu
haben. »Das wäre endlich etwas Neues«, sagt der Amts-
leiter, »zeigt mir sofort die Photos!« Doch da gestehen die
Raumfahrer kleinlaut, daß sie vor Aufregung versäumt
haben, welche zu machen. Sie müssen sich vom erzürn-
ten Leiter der Raumfahrtbehörde pflichtvergessene Blö-
diane nennen lassen und werden fristlos entlassen. Das
trifft sie hart, weil sie sich ausschließlich auf die Kunst des
Raumfahrens verstehen. Am Erdboden empfinden sie

ihre Existenz als zweifelhaft, zudem drückt sie die Schwerkraft. Solange das Geld reicht, sitzen sie in Grillstuben und Bars herum.

Eine Barfrau fragt sie voller Mitleid, wo sie denn der Schuh drücke. »Oh, wir müssen wieder hinauf ins All, liebe Barfrau«, spricht der eine. »Es leidet uns ums Verrecken nicht auf der Erde«, fügt der andere hinzu.

»Seid ihr etwa Außerirdische?«

»Nein, Raumfahrer.«

»Ist ja toll! Noch 'n Schnäpschen für die Astronauten. Prost!«

Doch nach und nach verwirrt sich die Rede der Raumfahrer, ihre Stimmen versagen, weinerlich bringen sie hervor: »Einfach rausgeschmissen ... weil wir die zwei Fahrräder nicht photographiert haben ...«

»... auf dem Himmelskörper.«

Noch überwiegt bei der Barfrau das Mitleid, und sie schenkt ihnen nach. Zu ihrem Erstaunen erntet sie damit aber den Vorwurf: »Was ist euer Schnaps schon gegen die Trockenbier-Tabletten, die wir gewohnt sind!« Die beiden fallen der Verzweiflung anheim.

»Tod, komm!« rufen sie und brechen in Tränen aus. Da zieht es die Barfrau vor, den Rausschmeißer zu rufen, welcher die heulenden Ex-Raumfahrer auf die Straße wirft.

Ziellos die Stadt durchstreifend beklagen die beiden Entwurzelten ihr Schicksal:

»Keinen festen Wohnsitz haben wir, kein Ziel, kein Nichts.«

»Wir schlafen nicht mehr richtig; die Nerven sind zerrüttet ... ich seh schon feinziselierte Muster, die die Bürgersteige überziehen.«

»Das ist doch Hundescheiße! Aber nein, du hast recht: jetzt seh ich auch solche Muster!«

Als sie wenig später ihrem Spiegelbild in einer großen Schaufensterscheibe gegenüberstehen, rufen sie angeekelt aus: »Pfui, richtige Bummelanten sind wir geworden!«

Arbeiten wollen sie fortan und verdingen sich als Handlanger bei einem Wanderzirkus, der gerade in der Stadt gastiert. Sie werden den Stallknechten zugeteilt, von denen sie bald »Raketenheinis« genannt werden, denn sie können ihre Sehnsucht nach der Raumfahrt nicht für sich behalten.

»Wir sind stellungslose Raumfahrer, müssen Sie wissen.«

»Man hat uns entlassen.«

Die Ignoranz der Stallknechte ist grenzenlos:

»Aah, besoffen zum Mond geflogen, wa?«

»Wie ist es denn so im Weltall? Gibt's das wohl wirklich?«

Einer behauptet sogar: »Ist doch alles Schwindel!«

Da protestieren die Raumfahrer: »Kein Schwindel!« – »Einen Planeten haben wir gesehen, da waren zwei Fahrräder drauf abgebildet.«

»Könnt ihr das beweisen?« höhnen die Ignoranten, »habt ihr ein Photo davon?«

»Ein Photo ...«, wird schmerzlich berührt erwidert, »wir sprechen nicht gern darüber.«

Für die Stallknechte ist der Fall klar: »Entweder lügt ihr, oder ihr seid bekloppt.«

Schnell stellen die armen Astronauten fest, daß grobe Hilfsarbeiten nichts für sie sind.

Sie dringen in die Abendvorstellung ein, wo sie dem anfangs amüsierten Publikum von ihrer geliebten Profession und dem nicht photographierten Planeten berichten. Vor Begeisterung verwirrt sich wieder ihre Rede; unter Tränen rufen sie aus: »Trockenbier!« – »Alles verloren!« – »Unser Leben ekelt uns an!« – »Werft uns den Löwen vor!«

Begleitet vom Johlen des Publikums werden sie durch die rabiaten Stallburschen aus dem Zelt entfernt. Spätestens jetzt wären sie erledigt, wenn ihnen nicht gänzlich unverhofft ein Wissenschaftler in den Weg träte, der jahrelang unbemerkt mit dem Zirkus gereist ist.

»Unbemerkt?« fragen die weinenden Raumfahrer, »wie haben Sie das gemacht?«

»In einer Zeltstange habe ich gelebt, von Sägespänen

habe ich mich ernährt. Ihretwegen habe ich vorhin zum ersten Mal mein Versteck verlassen.«

»Aus Mitleid?«

»Keineswegs. Während Ihres verzweiflungsvollen Auftritts habe ich von Ihnen etwas erfahren, das für mich von größter Wichtigkeit ist.«

Er verrät ihnen aber noch nicht, was dies ist, sondern mahnt: »Wir sollten zu mir gehen. Was ich Ihnen zu sagen habe, braucht niemand sonst zu hören.«

Zu seiner Zeltstange ist es nicht weit. Die Enge seiner Behausung macht er mit generöser Gastfreundschaft wett: Er bietet seinen Gästen pfundweise Sägemehl an. Nun erfahren die mit vollen Backen kauenden Astronauten das Geheimnis des Wissenschaftlers. Der Planet, den sie gesehen haben, jener Planet mit dem Zeichen der zwei Fahrräder, ist Gegenstand der langjährigen Hoffnungen und Studien des Forschers. Vor sieben Jahren hatte er ein denkwürdiges Erlebnis in der Cheops-Pyramide. Zu jener Zeit arbeitete er an der Frage, ob der Mond aufblasbar sei, hatte bisher aber lediglich herausgefunden, daß er mit an Sicherheit grenzender Wahrscheinlichkeit abwaschbar sei.

»Ein Wissenschaftler braucht Gewißheit. Also beschloß ich, mir altägyptische Weisheit zunutze zu machen. Ich versprach mir viel von den Inschriften in der Cheops-Pyramide. – Noch etwas Sägemehl?« – »Nein, danke. Wir haben noch.«

Mittels Bestechung und des Einsatzes großen Raffinements war es dem Wissenschaftler damals gelungen, sich nach Geschäftsschluß in der Pyramide einschließen zu lassen. Sowie er sich allein wähnte, verließ er die Botanisiertrommel, in der man ihn eingeschmuggelt hatte.

»In einer der Grabkammern traf ich eine betörende, leicht außerirdisch wirkende junge Frau an, die hatte Schwierigkeiten mit einem Fahrrad. ›Scheißfahrrad, verfluchtes‹, schimpfte sie. Sofort spürte ich, daß ich Aussichten bei ihr hatte. Um sicherzugehen, wollte ich noch ein bißchen Eindruck schinden. Dies gelang mir, indem ich das Fahrrad mit bloßen Händen total verbog. Unter dem Fahrradverbiegen äußerte ich sehr gescheite Dinge, und das wirkte. Besonders gefiel der Frau mein Interesse für den Mond.«

Staunend vernehmen die Raumfahrer, daß die Fremde sich als Mondgöttin vorstellte. Der Wissenschaftler wähnte sich der Beantwortung all seiner Fragen nahe und wollte ihr alle Geheimnisse des Mondes entlocken. Die Nacht in der Cheops-Pyramide sollte sich gelohnt haben; sein Name sollte in der Welt der Wissenschaft Unsterblichkeit erlangen. Er bettelte: »Sprechen Sie mir vom Mond, ver-ehrte Mondgöttin! Sie müssen doch alles wissen.«

Verschämt gab sie ihm zur Antwort, sie komme trotz ihres Titels nicht vom Mond, wisse auch nichts über die-sen. Ihre Heimat sei ein anderer Planet. Wie erschütterte den Wissenschaftler dies Geständnis! Er wandte sich trot-zig ab und sagte kein Wort mehr. Indessen schickte sich die Mondgöttin an, das verbogene Fahrrad aus der Grab-kammer zu tragen. Mit einer Kopfbewegung deutete sie auf ein zweites und sagte: »Bitte, nehmen Sie das andere Fahrrad, und folgen Sie mir.« – »Wozu?« – »Wir tragen die Fahrräder nach oben und werfen sie aus der Dach-luke.« Das andere Fahrrad verbog der Wissenschaftler auch noch. Er mußte es durch endlose Gänge bergauf schleppen. Die Wände waren mit uralten Inschriften be-deckt, die ihm die Mondgöttin erklärte:

»Es ist die Geschichte eines Wissenschaftlers, von dem es heißt, daß er in ferner Zukunft eine Mondgöttin lieben werde, sie verlöre und mit Hilfe zweier Raumfahrer wie-dergewänne.«

Den Mond hatte sich der Wissenschaftler inzwischen aus dem Kopf geschlagen. Schneller, als er erwartet hatte, waren sie in der Spitze der Pyramide angelangt.

»Nehmen wir einmal an, Sie seien der Wissenschaft-ler, von dem die Wandinschriften berichten«, sprach die Mondgöttin, und der Wissenschaftler erwiderte: »Und Sie seien besagte Mondgöttin ... das hieße ... das hieße, daß ich Sie liebe!«

Mit leicht außerirdischem Lächeln führte die Mondgöttin die Überlegung zu Ende: »Dann symbolisieren
strenggenommen die beiden Fahrräder die zwei besagten
Raumfahrer.«

»Klingt logisch«, befand der Wissenschaftler, »schmeißen wir sie also aus der Dachluke. Das soll uns Glück
bringen!« Und die Fahrräder flogen in hohem Bogen in
die ägyptische Nacht hinaus.

An dieser Stelle maulen die beiden Raumfahrer: »Ver-
steh ich nicht!« und: »Ach, diesen symbolischen, intel-
lektuellen Kram mag ich nicht.«

»Sie werden das schon noch verstehen«, belehrt sie
der Wissenschaftler, »also ... die Inschriften prophezeiten
ja, daß ich die Mondgöttin verlieren würde. Da wollte ich
ihr aber vorher noch schnell beiwohnen, damit ich mich
später damit brüsten könnte, in der Cheops-Pyramide mit
einer Mondgöttin intim gewesen zu sein.«

»Angeber!« – »Sexist!« lauten die Kommentare der
Raumfahrer. Unbeirrt erzählt der Wissenschaftler weiter:

»Ich fragte vorsichtshalber: ›Äh, das mit der Liebe ist
also abgemacht?‹ – ›Abgemacht.‹ – ›Na dann.‹ Dann küß-
ten wir einander. Gerade, als wir uns weiterführenden
Praktiken zuwenden wollten, näherte sich draußen ein
Raumschiff.«

Nun werden die Raumfahrer unruhig: »Was für ein
Raumschiff war es denn?« Nach bestem Wissen antwortet der Wissenschaftler, es sei eines gewesen, das aussah
wie ein altmodischer Elektrorasierer. »Was soll das denn
für eine Baureihe sein?« zweifeln da die Fachmänner,
»solche Raumschiffe gibt's nicht. Wir müssen das wissen.«

»Gar nichts wissen Sie«, weist sie der Wissenschaftler
in die Schranken, denn es war ein außerirdisches Raumschiff, und es kam, die Mondgöttin abzuholen. Nervös
sagte sie: »Siehst du, schon verlierst du mich.« Zu ihrem
Heimatplaneten flöge sie jetzt, zur Erde kehre sie nie wieder zurück. Er müsse sich schon zu ihr bequemen, wie es
die alten Inschriften verlangten. Er protestierte: »Woher
soll ich die zwei Raumfahrer nehmen? Und das Raum-

schiff dazu?« – »Ach, das findet sich ...« – »Du hast Nerven! *Dein* Raumschiff wartet ja auch schon. – Mensch, ich komm mit!«

Entsetzt wehrte sie ab: »Willst du uns ins Unglück stürzen? Du mußt das jetzt durchziehen, schließlich haben wir die Fahrräder rausgeworfen. Wenn du jetzt nicht vorschriftsmäßig weitermachst, gibt's kosmische Verwicklungen, und wir kommen in Teufels Küche!«

»Aber wie soll ich dich finden?« fragte der Wissenschaftler, und die Mondgöttin versprach ihm, die Umrisse zweier Fahrräder gut sichtbar auf ihrem Heimatplaneten anbringen zu lassen. Der große Rasierapparat draußen hupte ungeduldig. Noch ein flüchtiger Kuß – weg war die Mondgöttin. Der Wissenschaftler stand, vor Wut und Liebe heulend, mit bebenden Lenden an der Dachluke, bis das Raumschiff außer Sicht war. Nach einer schrecklichen Nacht in der Botanisiertrommel trugen ihn anderntags seine Helfer wieder aus der Pyramide. Wie glücklich war er, als er beim abendlichen Auskleiden einen Brief von der Mondgöttin in seiner Unterwäsche fand. Der Brief enthielt neben Artigkeiten den detaillierten Bauplan für ein Raumschiff. Die Schlußworte waren dick unterstrichen: »Ich erwarte dich. Komm aber schnell!«

Doch es sollte sieben lange Jahre der Entbehrung dauern, bis der Wissenschaftler alles beisammen hatte: »Sieben Jahre habe ich gebraucht, um das Raumschiff zu bauen, welches sinnigerweise aussieht wie zwei Fahrräder. Und heute erst habe ich die dazugehörigen Astronauten gefunden: Sie, meine Herren.«

Diese sind so aufgeregt, daß sie sich am Sägemehl verschlucken. Dem Erstickungstode nah, erklären sie sich spontan bereit, den Flug anzutreten, wenn sie nur wieder ins All dürfen. Letzte Zweifel des Wissenschaftlers, ob sie denn ein Raumschiff steuern könnten, das aussieht wie zwei Fahrräder, zerstreuen sie: »Wir können sogar dabei pfeifen!«

Ausgerüstet mit einer Wochenration Sägemehl treten die drei den Flug an. Mag gewesen sein was will, die Astronauten können noch alles. Ängstlich fragt der Wissenschaftler: »Werden Sie den Planeten bestimmt wiederfinden?«

»Den finden wir aus dem Gedächtnis wieder, nicht wahr, Bruder Raumfahrer?« – »Klar. Wir sind gleich da.«

Am meisten beschäftigt den Wissenschaftler die bange Frage, ob die Mondgöttin ihn noch will. »Sieben Jahre sind schließlich kein Pappenstiel. Aber ist es vielleicht meine Schuld, daß es so lange gedauert hat?«

Da rufen die Raumfahrer: »Da vorn! Das muß der Planet sein!«

»Sind Sie sicher?« fragt der Wissenschaftler. »Ich sehe das Zeichen nicht ...« – »Warten Sie, bis wir näherkommen.«

Und wirklich: der Himmelskörper ist einwandfrei deutlich gekennzeichnet! Die Raumfahrer rufen: »Hurra! Die zwei Fahrräder!«

Doch dem Mann der Wissenschaft fällt etwas auf: »Was ist das? Da ist noch etwas ... o nein, sehen Sie nur, meine Herren!«

Sie sehen es auch: »O weh, die beiden Fahrräder sind ...« – »... kreuz und quer durchgestrichen!«

Vernichtet stellt der Wissenschaftler fest: »Sieben Jahre waren zu lang. Alles umsonst, die Inschriften haben nicht uns gemeint. Wir wollen umkehren.« – »Gut. Umkehren.«

Doch da fällt ihm etwas ein: »Warten Sie, meine Herren. Wenn schon aus meiner Liebe nichts wird, so soll doch dieser Flug nicht völlig vergebens gewesen sein. Um meines wissenschaftlichen Ruhmes willen: Machen Sie gut, was Sie einst versäumten, und was Sie Ihre Stellung kostete! Photographieren Sie diesen fatalen Himmelskörper!«

Einen Photoapparat, so wird festgestellt, hat man bedauerlicherweise nicht dabei.

Beim Weltuntergang

Stundenlang standen wir mit offenen Mündern und hängenden Armen an unserer Straßenecke. Obwohl es Februar war, trugen wir kurze Hosen. Nicht nur blieb in diesem Jahr der Winter aus, nein: es erfolgte bereits um 23 Uhr 52 der Sonnenaufgang. Die Meisen brüteten Sofortbildkameras aus, immer mehr Kinder wurden in Konfirmationsanzügen geboren – wir gingen lieber wieder ins Haus.

Winter

Eismassen türmten sich, ein Schneesturm heulte mit einem Frauenchor um die Wette. Der japanische Kaiser war zum Schlittschuhlaufen auf das Bett von Mutter Blum geklettert. Seine Haare lagen erstaunlich gut.

Ratlos liefen wir, alle Nahrung verweigernd, jammernd durch unsere Häuser. Etliche fuhren gar in die Zimmerdecken. Wie ein Schlag mit der Dachrinne war der Schnee über uns gekommen. Wer hinausging und damit in Berührung kam, blieb vier Stunden lang wie tot liegen.

Wie wir eines Tages die Seefahrt erfanden

Wir erfanden alles, was man kaufen konnte. Und wenn es nichts zu kaufen gab, erfanden wir Notgeld. Wenn wir nichts erfanden, saßen wir mit Achtmeterarmen im Sessel und rührten die Besteckkästen im Nachbarhaus um (nach Feierabend oder in Pausen).

Meist aber arbeiteten wir, um der Christenheit willen! Gespannt schauten wir auf unsere Hände, unter denen schon wieder eine neue Erfindung Gestalt annahm. In der sterbenden Natur draußen (Fische, Holzmönche, Tennisbälle) gab es dafür kein Gleichnis.

»Was wird es werden?«

»Was brauchen wir?«

(Für solche, die noch nicht sehr viel erfunden haben, muß hinzugefügt werden, daß man besonders beim Zusammenschrauben von Erfindungen einiges Geschick aufzubringen gezwungen ist.)

Ein verfrühtes Telegramm wurde abgegeben:

»Und nun viel Spaß mit der schönen neuen Wasserturbine!« Nein, eine Wasserturbine war das nicht, was hier entstand. Aber mit Wasser hatte die Sache zu tun: Wir hatten die Seefahrt erfunden. Das war die Wahrheit, und wir hatten Angst vor Wasser, das war auch die Wahrheit. Wir sagten uns: »Besser Angst vor Wasser als vor der Wahrheit.«

Später wurde unsere Erfindung von den Werftbesitzern mißbraucht.

Tausend Meilen vor Gertrud

Tausend Meilen vor Gertrud
Steht der Mond über dem Meer
Tausend Meilen vor Gertrud
treibt ein Boot unter dem Mond
Das Meer ist voller Klaviere
Das Boot ist voller Papiere
Und die Wellen sind wie Draht.

Erinnerung

Ja, ich habe sie alle noch persönlich gekannt: Beethoven mit seiner Schneisenmusik, Kyoto von Bäng und seine Albinolokomotive, den Schneesturm, durch den Kyoto von Bäng seine Albinolokomotive einst steuerte, und natürlich Kongo-Liese, die zu ihrer Zeit den Reichszentimeter in Blei goß. Sie hatte eine Katze, die aussah wie eine Fußbank und nebenher Wolfsquinten verkaufte. Wenn man sie fragte, wie es ihr ginge, antwortete sie: »Ich existiere mich zu Tode.«

Die verschwundene Katze

Seit sieben Wochen war die Katze, die immer auf das Bier aufpaßte, verschwunden. Nur noch ihr Photo hing über dem verwaisten Platz am Ende des langen Korridors. Das Photo zeigte sie in Ausübung ihres Amtes oberhalb eines gefüllten Bierkastens. Jetzt war der Kasten leer.

»Da! Die Katze ist weg, und das Bier ist auch weg«, klagte der betroffene Mann.

Sein Haar war weiß geworden. Sieben Wochen! Sieben Wochen ohne Bier und noch immer kein Lebenszeichen von der Katze. Meldepflichtiger Hausschwamm riß die Hälfte des Hauses fort, die Frau des betroffenen Mannes lief davon, ohne ihre hölzerne Halskette mitzunehmen. Es wurde höchste Zeit, daß der Mann uns rief.

Gleich bei unserem ersten nächtlichen Besuch trafen wir vor der Haustüre des Mannes eine Katze an. Sie hockte weltabgewandt auf einem Hauklotz.

»Katze, Katze«, redeten wir sie an, »willst du nicht mit hineinkommen zu dem betroffenen Mann und auf sein Bier aufpassen? Wir müßten dir natürlich erst Bier zum Draufaufpassen besorgen.«

Sie war nicht interessiert. Wider alle Vernunft wollte sie draußen in der Kälte auf ihrem Hauklotz kauern. Wir verstanden einfach nicht, wie sie eine derart jämmerliche Existenz unserem Angebot vorziehen konnte.

»Der Mann würde für dich sorgen wie für sein eigen Kind«, redeten wir mit Engelszungen weiter. »Mitten in der Nacht würde er dir Köstlichkeiten kochen. Willst du nicht wenigstens mitkommen, um dir die Konservenvorräte in den acht Panzerschränken des Mannes anzusehen?«

Sie wollte nicht. Wir aber, die Aussichtslosigkeit unseres Tuns jäh begreifend, betraten das Haus des Mannes. Zutiefst verstört empfing er uns mit der Nachricht, man

habe ihn am Morgen barfuß und nur mit einem Nachthemd bekleidet mitten in der syrischen Wüste aufgegrif-
fen. Außerdem sei seine Wohnungstür zugemauert
worden.

»Komm«, »Scheiße« und »Hör auf« riefen wir aus. Wir
begriffen, daß noch in selbiger Nacht zu handeln war.

»Ich bin mit allem einverstanden«, schluchzte der betroffene Mann.

Als erstes mußte die verschwundene Katze für tot erklärt werden.

»Stört es Sie, wenn ich währenddessen ein wenig ko-
che?« fragte uns der Mann. Beim geringsten Anlaß begann er zu kochen.

»Wenn es Sie beruhigt«, antworteten wir.

Zwischendurch, um uns zu demonstrieren, welch einen
dicken Hals seine Frau hatte, legte er deren Holzkette jedem von uns um den Oberkörper. Er bekam sogar den
Verschluß zu.

Olivenöl wurde erhitzt, der Mann benutzte einen mel-
depflichtigen, als Herd getarnten Kochtopf. Laut Dosen-
aufschrift gab es

Sperberfleisch (nur Euter)

aus einem der Panzerschränke.

Wir traten mit unserem Antrag, die verschwundene
Katze für tot erklären zu lassen, vor die Katzen-Zentralseele, das »Katzen-Selbst«. Umgeben von einem astralen
Kreis von nur 70 Tieren (der Autor des einst im 2001-
Verlag erschienenen Büchleins ›Tiere diesseits – Tiere
jenseits‹, ein gewisser Herr Chales-de-Beaulieu, welcher
um die Erde schweift, um die Bauteile gewaltsam getöte-
ter Schweine wieder zusammenzufügen, wenn er nicht
gerade geflohene Schweineseelen aus seiner Haustür be-
freit, hat sie gezählt) thronte die Katzen-Zentralseele auf
einem jenseitigen Bierkasten. Gegen Gerichtskosten in
Höhe von DM 120,– erhielten wir das gewünschte Do-
kument.

Der betroffene Mann servierte uns das aufgewärmte
Konservenessen. Wir aßen von Aussteuertellern seiner

Frau. An den Tellerrändern häuften sich die Fleisch-brocken, denn die mochten wir nicht.

»Geben Sie die Herrn Chales-de-Beaulieu«, rieten wir ihm nicht ohne Sarkasmus.

Anschließend bauten wir unsere Maschine auf. Sehr gewissenhaft wurde der lange Korridor nach Katzenhaa-ren abgesucht. Es gelang uns, zwei zu finden. Und ein weißes Schnurrbarthaar!

»Wünschen Sie irgendwelche Änderungen am Äuße-ren der Katze?« fragten wir den betroffenen Mann. »Viel-leicht Blumenmuster?«

»Ich will keine Katze mit Blumenmuster«, antwortete er. »Es soll dieselbe Katze sein, und auf das Bier soll sie aufpassen.«

»Dieselbe Katze wird es nicht, lassen Sie uns das klar-stellen. Eine identische können Sie haben.«

Wir legten das beste der gefundenen Katzenhaare in unsere Maschine. Nach einer bestimmten Zeit würde entsprechend dem im Haar gespeicherten Gen-Code die komplette Katze rekonstruiert sein. Das war Routine. Ein viel größeres Problem stellte allerdings die Wieder-beschaffung des zu bewachenden Bieres dar. Wir konn-ten nirgendwo das kleinste Restchen davon finden, das wir mit Hilfe unserer Maschine hätten wiedererstehen lassen können. Was sollte der betroffene Mann mit Katze aber ohne Bier anfangen? Und wenn gar nach einiger Zeit die Original-Katze doch noch zurückkehrte? Dann hatte er zwei Katzen und kein Bier. Wir durften uns nichts an-merken lassen, mußten unsere Ratlosigkeit überspielen, Zeit gewinnen.

»Zeigen Sie uns doch mal Ihre zugemauerte Woh-nungstür«, schlugen wir jovial vor, etwas Besseres fiel uns nicht ein. Wenn nichts mehr half, würden wir ihn bitten, uns sein Nachthemd oder die syrische Wüste zu zeigen.

»Die Wohnungstür, jawohl«, sagte der Mann und führte sie uns vor. Er öffnete die Tür, und tatsächlich be-fand sich dahinter keine Öffnung, sondern eine graue Hohlblockstein-Mauer mit üppig herausquellendem Mörtel. Auf der den Steinen zugewandten Innenseite war das Türblatt streifig braun lackiert. Das war doch – – –

»Ein Bieranstrich!« jubelten wir.

»Ja«, bestätigte der betroffene Mann, »ein Bieranstrich. Früher hat man Türen gern mit Bier gestrichen.«

Der Anstrich reichte für siebzig Kästen. Zum Daraufaufpassen waren siebzig Katzen nötig.

Der Gesang der Dobermänner

Obwohl es heutzutage durchaus erschwingliche Apparate gibt, mittels derer selbst der mäßig musikalische Laie, sofern er die Gebrauchsanweisung richtig befolgt, ohne weiteres Hunde singen lassen beziehungsweise einen echt wirkenden Hundegesang vortäuschen kann, zieht Dr. Henschel die natürliche Methode vor. Mit unvorstellbarer Geduld lehrt er drei Dobermänner, zu seiner Klavierbegleitung die Melodie des Walkürenritts dreistimmig zu singen. Um dieses Dressurerfolges willen nimmt der ehrgeizige Dr. Henschel sogar das Scheitern seiner Ehe in Kauf. Das Ergebnis der übermenschlichen musikpädagogischen Anstrengung soll schließlich im Rahmen einer Hörfunk-Direktübertragung der Öffentlichkeit präsentiert werden.

Vielleicht ist es die Schuld des Pförtners, der den Hunden beharrlich den Zutritt zum Funkhaus verweigert, bis ihn die Weisung des Intendanten umstimmt, vielleicht haben die mittlerweile nervös gewordenen Tiere auch in der ungewohnten Studioatmosphäre an dem roten Aufnahmelämpchen Anstoß genommen – als die Klavierbegleitung ihres Lehrers anhebt, bellen sie jedenfalls wie verrückt. Von dreistimmigem Walkürenritt ist nichts zu erkennen, nicht einmal die Tonart stimmt. Nein, Dr. Henschels Experiment muß aufgrund dieses Eindrucks von der Öffentlichkeit als gescheitert angesehen werden. Das ist sehr schade, denn bei der Generalprobe zu Hause hatte alles so gut geklappt.

Die Besessenen

Zwei Friseure betrachten schwer atmend ihr Werk. Als Folge einer gemeinsam durchlebten Ekstase liegen zahlreiche Gummipuppenköpfe auf dem Fußboden des Frisiersalons. Der Lehrbub tritt hinzu und spricht:

»Ich hätte zu Haus auch gern Gummipuppenköpfe auf dem Fußboden, aber meine Mutter räumt immer alles weg.«

Ein Ding im Zustand A

Trabkin versteht lediglich die Worte »Mann« und »Hund«. Mathematisch ungebildet ist er obendrein.

Die achtzehn heuristisch vorgehenden Schatzgräber suchen nach Dingen im Zustand A.

»Manchmal findet man Dinge im Zustand A, manchmal im Zustand B«, sagt Nr. 9.

»Es ist wahrscheinlich, daß wir, wenn wir einmal ein Ding im Zustand A finden, beim nächsten Mal eins im Zustand B antreffen«, sagt Nr. 17.

Für alle achtzehn Schatzgräber ist die Frage, was zwischen den Zuständen A und B liegt, oder wie Dinge vom einen in den anderen Zustand gelangen, gänzlich sinnlos. Nur Dinge im Zustand A sind wünschenswert, Dinge im Zustand B oder lange Dinge mit Klumpen zum Beispiel sind es nicht.

Hulda Giff kann mit Besteck essen, ihre Nahrung kauen, sich anziehen, die Zähne putzen und ihre Schuhe zubinden. Sie ist Trabkins minderjährige Pflegetochter, kann keine Fragen stellen, ist aber gut in räumlicher Wahrnehmung.

»Genau unter Trabkins Bauernhof befindet sich ein Ding im Zustand A«, berichtet Nr. 4 aufgeregt. Selten hat er seine Freunde so aufgeregt gesehen.

»Das Ding *müssen* wir freilegen. Aber wir können es nicht tun, ohne Trabkin um Erlaubnis zu fragen«, erklärt Nr. 13.

»Er wird dagegen sein und uns umbringen, wenn wir ihn nicht günstig stimmen können«, gibt Nr. 1 zu bedenken.

Es wird beschlossen, Trabkin einige Geschenke aus der Truhe anzubieten.

»So eine wertvolle Truhe kann Trabkin noch nicht gesehen haben. Sie ist aus einem Holz gefertigt, das es in dieser Gegend gar nicht gibt.«

Drei große Schlösser hat der Kasten.

»Die Kiste ist ja bis an den Rand vollgepackt!« rufen alle achtzehn Schatzgräber aus.

Allerdings muß Trabkin klargemacht werden, daß es sich nicht um bloße Geschenke handelt, sondern daß man dafür das Ding im Zustand A unter seinem Bauernhof haben möchte.

»Die Pfiegetochter würde uns vielleicht helfen«, schlägt Nr. 5 vor.

Am späten Nachmittag wagen sich die Schatzgräber bis in die unmittelbare Nähe von Trabkins Bauernhof vor.

»Wir machen eine experimentelle Beobachtung.«

Es gibt zwei Gebäude, das Wohnhaus und den Stall. Fröhlich lachend springt Hulda Giff auf die achtzehn Besucher zu. Immer wieder hebt sie ihr Hemdchen in die Höhe und veranschaulicht auf einzigartige Weise die Plastizität ihrer Anatomie. Sie kann Fragen beantworten, im Erkennen von Gestaltmustern ist sie gut. Die Truhe wird geöffnet.

»Hat Ihr Vater so etwas schon einmal gesehen?« wird sie gefragt.

»Nein, ich kann mir nicht vorstellen, daß er überhaupt weiß, wie man damit umgehen muß.«

»Das glauben wir auch«, sagen die Schatzgräber.

Ein Verhandlungsgespräch im Stall wird beantragt. Hulda Giff hüpft davon, um Trabkin zu berichten. Der Stall sieht furchtbar aus. Hühnermistberge ragen bis zur halben Höhe der Wände empor, von zwei alten Autos sind gerade noch die Dächer zu sehen. Auf einem der Berge steht ein angeketteter Foxterrier und bellt sich fast in Stücke.

Sofort nimmt Trabkin den Schatzgräbern die Truhe weg. Zur Feier des Anlasses schlachtet er ein Schaf. Alle Tiere sind für ihn »Hund«, der Ziegenbock z. B. heißt bei ihm »Mann Hund«.

Beim Essen sind die achtzehn Schatzgräber ausnahmslos überzeugt, einen Hund zu essen. Sie vergleichen die Knochen des Bratens mit Abbildungen in Anatomiebüchern. So sehen Schafsknochen nicht aus.

Die achtzehn Schatzgräber sind benommen von dem Rausch, den nur ihr Beruf zu bieten hat. Hin und wieder verdecken sie ihre Gesichter, wenn der Rausch zu stark zu werden droht.

»Vielleicht rührt es auch vom Genuß des Hundefleisches her?«

Wie sollen sie Trabkin die Sache mit dem Ding im Zustand A unter seinem Bauernhof begreifbar machen? Trabkin sitzt auf dem Boden und hält seinen rechten Fuß als Sonnenschirm über sich.

Die Nachricht

Nie werde ich vergessen, wie Großmutter eines Tages durch die Schiebetür in die Küche stob, die Milchkanne zu Häupten schwang und mit dem Schirm schrie:
»Im Irrenhaus bauen sie heimlich Klaviere!«

Denksport

Die Stadt kostet vier Mark.

Mit Licht kostet sie achtzig. Was das ausmacht, was?

Und mit Bürgermeister erhöht sich der Preis auf hundert Mark.

Die reine Stadt ohne alles nur vier Mark, überleg mal!

Wenn nun diese eine Stadt vier Mark kostet, wieviel kosten dann vierunddreißigtausend Städte, wenn man für Unterwäsche fünfundsiebzig Pfennig extra zahlen muß?

Nachbemerkung

Ein Teil der hier zusammengestellten Texte erschien bereits andernorts: zum Beispiel in der »Frankfurter Rundschau«, im »Weltwoche«-Supplement, in »Kowalski«, »Der Rabe«, in der »Jungen Welt« und in Eugen Egners Sammlung »Als der Weihnachtsmann eine Frau war«.